あれもこれも作れる!

パウンド型のいちばんおいしいお菓子たち

加藤里名

INTRODUCTION

はじめに

目が覚めると、部屋いっぱいに広がるバターと小麦粉の香り。私がまだ子どもだったころ、母はよく朝食のパンの代わりにと、パウンドケーキを焼いてくれました。朝が弱かった私は、その香りに釣られるようにして寝床から飛び出し、幸せな1日の始まりを迎えることができたのです。私にとってパウンドケーキは、常にそんな子ども時代の思い出とともにあります。

長じて自分でもお菓子を作るようになると、やはりパウンドケーキはすぐにお気に入りのお菓子となりました。家にある材料で作れて、分量も明快だからです。パウンドケーキの「パウンド pound」は、もともと「1パウンド（約450g）」を意味するもので、バター、小麦粉、卵、砂糖を同量の1パウンドずつ使うことに由来します。ちなみにフランス語では「カトルカール quatre-quarts」と言い、これは「4分の4」を意味する言葉なので、ほぼ同じ発想から名づけられたものとわかります。日本でも「四同割」と呼ばれたりしますね。

しかし作れば作るほど、その奥深さに唸らされました。シンプルなお菓子であるはずなのに、ちょっとした混ぜ方の違いで、焼き上がりががらりと変わりますし、生地にフレーバーをつけたり、具材を混ぜ込んだりすれば、まったく別種のお菓子のようになるのです。その魅力に、私はすっかり夢中になってしまいました。

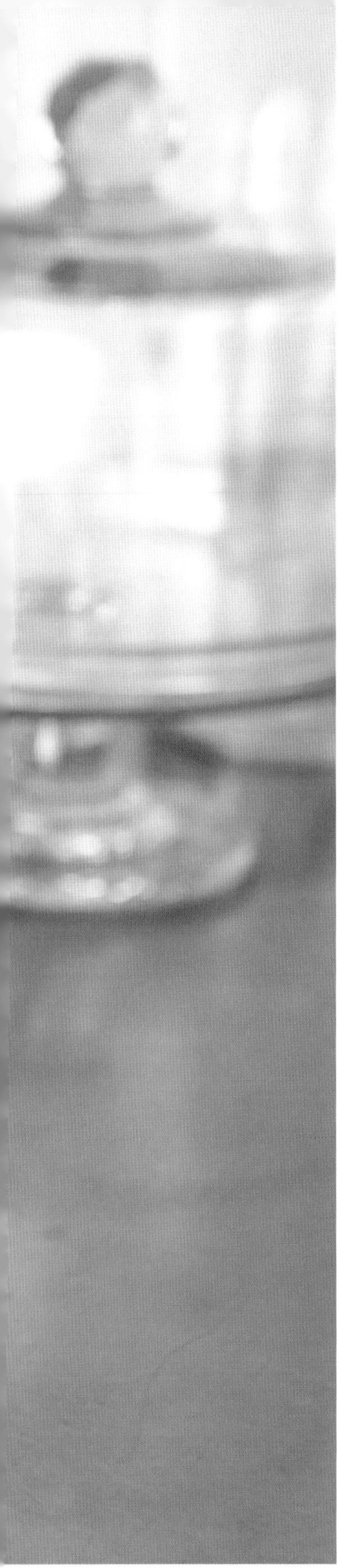

そうして辿り着いたのが、この本でもご紹介している、バターの一部をオイルに置き換えた配合です。基本的にパウンドケーキは、バターの濃厚な風味を堪能するお菓子ですが、時代の変化とともに、バターの代わりにオイルで作るレシピの需要が高まってきました。失敗しにくいという大きなメリットもあり、オイルで作るパウンドケーキはすっかり定着しましたが、やはり風味の薄さが弱点ではあったのです。

ところがバターとオイル、2つの油分を混ぜ合わせてパウンドケーキを作ると、双方のいいとこ取りのようなレシピになりました。これならハンドミキサーを使わなくても分離しにくく、膨らみが一定で、ふんわりとした食感が続き、バターの風味もしっかり味わえます。このレシピをぜひご紹介したいというのが、この本を作ったまず第一の動機でした。

そして第二には、パウンド型の可能性を知ってほしかったからです。パウンド型で作れるのは、パウンドケーキだけではありません。通常は専用の型で作るフィナンシェを焼いてもいいし、ガレットブルトンヌのようなクッキーを焼いてもいいし、水ようかんのような和菓子を作ってもいいし、アイスケーキやゼリーなどの冷たいお菓子を作ってもよいのです。コンパクトで保管もしやすいパウンド型がひとつあれば、さまざまなお菓子を、一年中作って楽しむことができるのです。

パウンド型独特の形に作られたお菓子は、どれも愛しくて、おいしいものばかりです。この本では、「しっとり」「ふわふわ」「どっしり」「ぷるぷる」という4つの食感に分けつつ、15種のお菓子、45のレシピをご紹介しています。できる限りたくさんのレシピを収めたのは、寒い季節だけではなく、暖かい季節にも、お菓子作りを楽しんでいただきたいと思ったからです。どうぞ末永く、作り続けていただければと思います。

加藤里名

SOMMAIRE

どっしり

CHEESECAKE
［チーズケーキ］

TERRINE DE CHOCOLAT
［テリーヌショコラ］

BROWNIE
［ブラウニー］

ぷるぷる

CRÈME CARAMEL
［プリン］

GELÉE
［ゼリー］

MIZUYOKAN
［水ようかん］

まだまだほかにも②

GALETTE BRETONNE
［ガレットブルトンヌ］

まだまだほかにも③

ICE CREAM CAKE
［アイスケーキ］

MOULE

パウンド型について

本書では
ステンレス製の
18cmパウンド型を
使用しています。

・本書のレシピはすべて18cmパウンド型1台分に合わせた量になっています。富澤商店の「ステンかみ合わせパウンド型／小」などがおすすめです。

・材質はステンレス製がおすすめです。ブリキ製は生地を入れたまま冷蔵室で冷やすレシピの場合、さびやすいので使用は避けてください。シリコン製は火の入り方が弱いので、やはり避けてください。

・型のつなぎ目がゆるく、生地がもれやすい場合は、底と側面をアルミホイルで覆うなどして使用してください。

＜参考＞型のサイズ別材料の倍率表

異なるサイズのパウンド型で作る際に、材料の分量や焼成時間を参考にしてみてください。あくまでも参考なので、焼き上がりのチェックは念入りにしてください。

	12cm型	15cm型	18cm型	21cm型	24cm型
材料の分量	1/2	4/5	×1	×1.2	×1.3
混ぜ時間・回数	-10回	-5回	×1	+5回	+10回
焼成時間	-10分	-5分	×1	+5分	+10分

＊p.10「バニラのパウンドケーキ」を基準に算出。ほかのレシピの場合は微調整が必要なこともある。

＊型の高さの8分目までが生地を入れる上限。超えた分はココットなどに入れていっしょに焼く。

下準備

I オーブン用シートの敷き方

基本的にはオーブン用シートを敷き込んでから生地を入れます。できた生地を取り出すときにもラクです。表面がつるつるしておらず、ややざらついたオーブン用シートを選んでください。

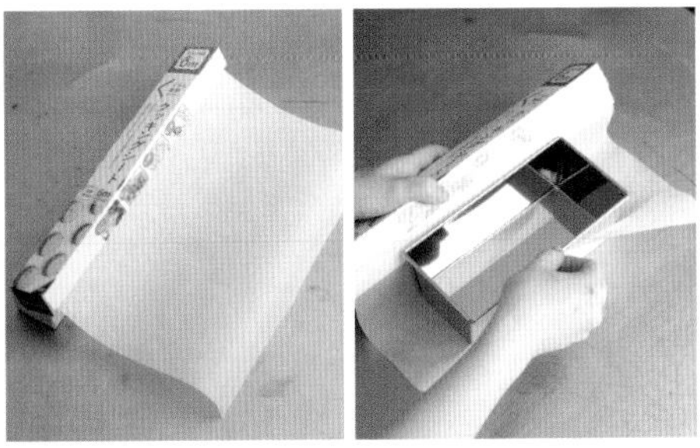

1 オーブン用シートを30×22cmほどに切り出し、中心に型を置く。

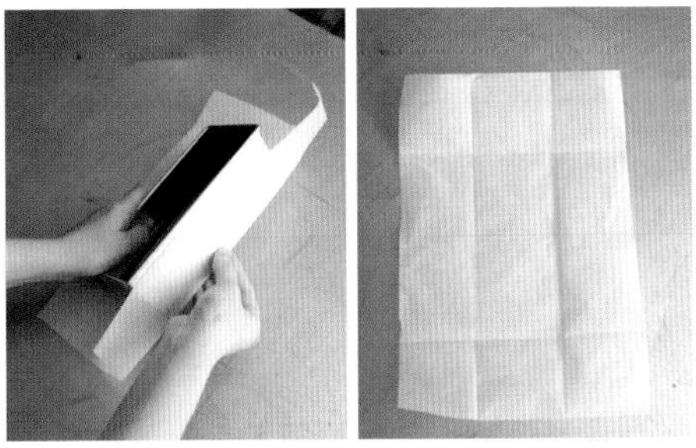

2 長辺1辺の底に合わせて軽く折り目をつけ、型をはずし、折り目に合わせてしっかり折る。残りの長辺、短辺も同様に軽く折り目をつけ、しっかり折る。

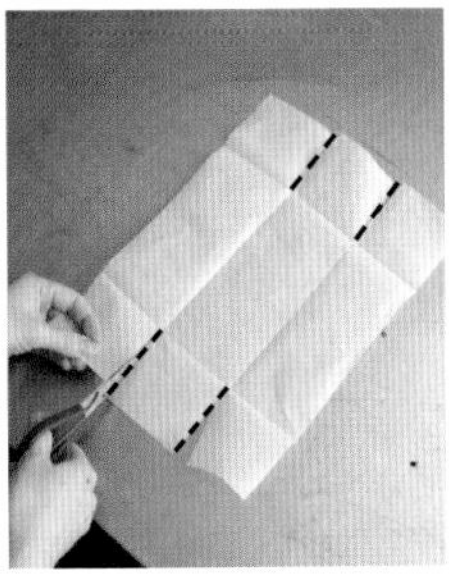

3 写真のように4か所に切り込みを入れる。

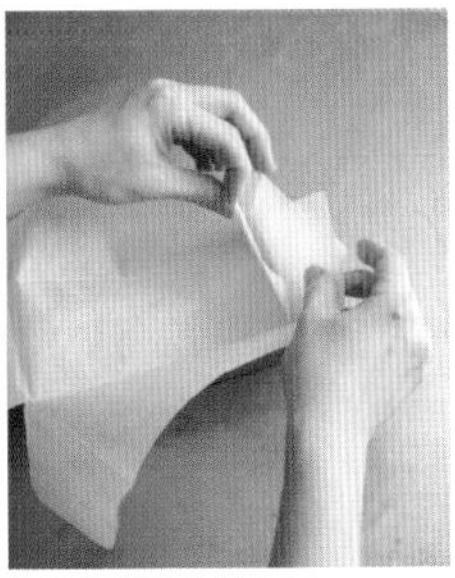

4 型に入れ、切り込みを入れた中心部分が内側になるようにする。

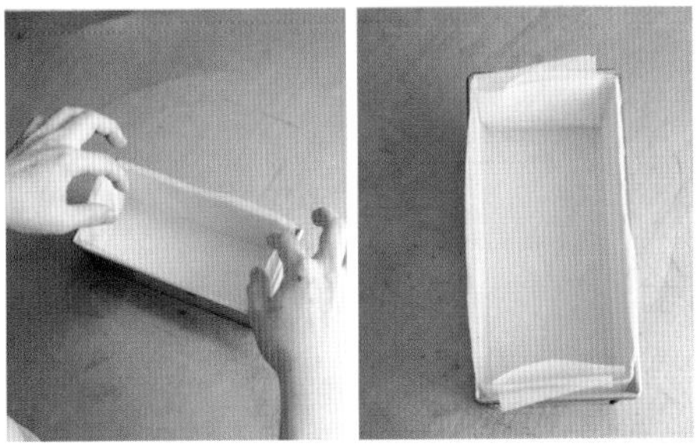

5 角を指で押さえ、浮かないようにしっかり敷き込む。

II 生地を入れる前に

4辺に生地の少量をつけてのり代わりにし、オーブン用シートを固定しておくと生地が入れやすくなります。

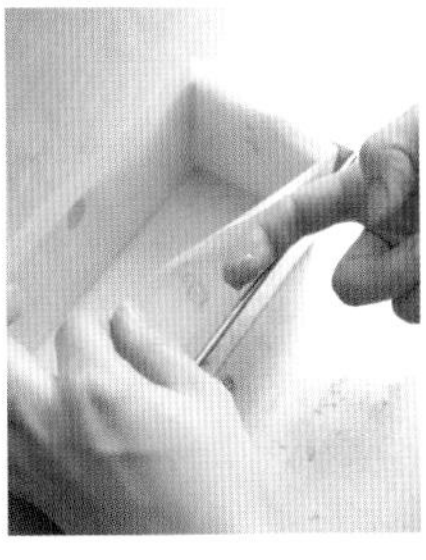

III アルミホイルで覆うことも

ゆるい生地のとき、もしくは湯せん焼きをするときは、アルミホイルで覆うこともあります。生地がもれたり、湯せんの湯が中に入るのを防ぐためです。

INGRÉDIENTS

この本で使っている主な材料です。
目安として参考にしてみてください。

材料について

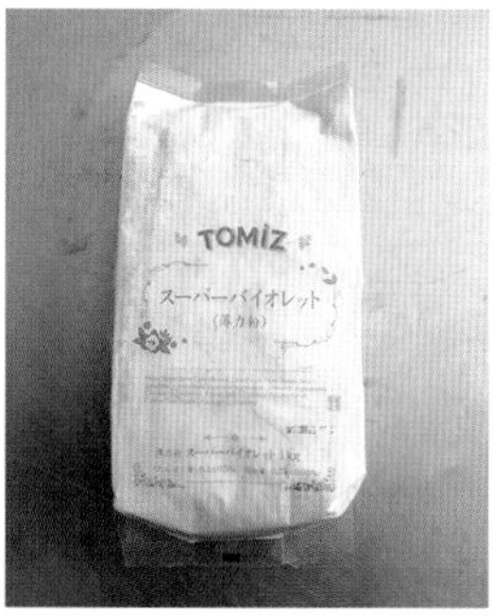

薄力粉

きめが細かく、軽い口あたりに仕上がる製菓用の「スーパーバイオレット」を使用。特にパウンドケーキやフィナンシェなど、粉量の多いレシピに向いています。「バイオレット」でも構いませんが、「フラワー」は食感が変わるので避けてください。

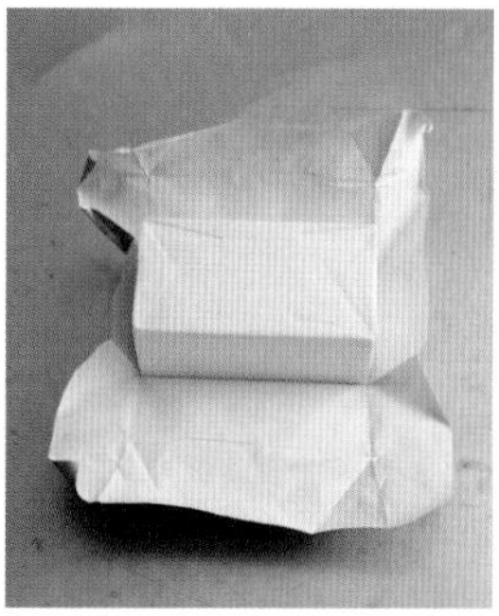

バター

食塩不使用のバターを使用。主に焼き菓子で使用し、豊かな香りとこくが加わります。発酵バターである必要はありません。下準備に「常温にもどす」と記載がある場合は、指がすっと入るくらいになるまでやわらかくしてください。

卵

全卵で使う場合、卵黄と卵白に分けて使う場合があります。本書では1個正味50g（卵黄20g、卵白30g）のMサイズを使用しましたが、サイズが異なる場合は重量で調整してください。なるべく新鮮なものを使うようにしましょう。

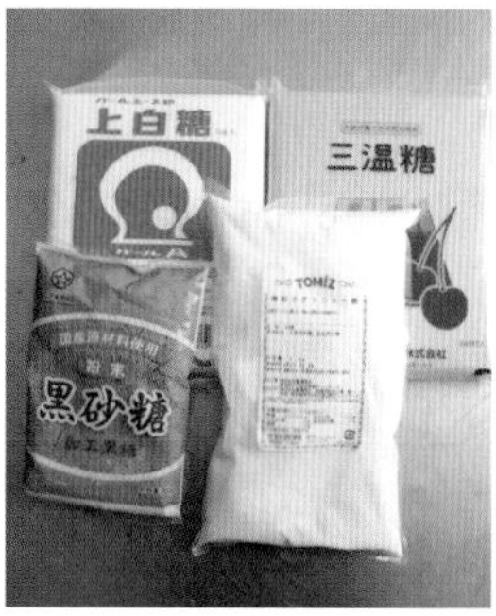

砂糖

レシピに合わせて上白糖、グラニュー糖、三温糖、黒糖（粉末）を使い分けていますが、グラニュー糖は上白糖で、三温糖は上白糖やグラニュー糖で代用しても構いません。黒糖は必ず粉末を使用してください。

ベーキングパウダー

パウンドケーキなどで、生地を膨らませ、ふっくらと焼き上げる膨張剤。多く使用すると苦みが出るので分量は守りましょう。

油

本書ではサラダ油を使用しましたが、太白ごま油や米油など、味にくせのない油であれば代用しても問題ありません。

アーモンドパウダー

フィナンシェなどで使う、アーモンドを粉末にしたもの。豊かな風味が加わり、フィナンシェはしっとりとした食感になります。

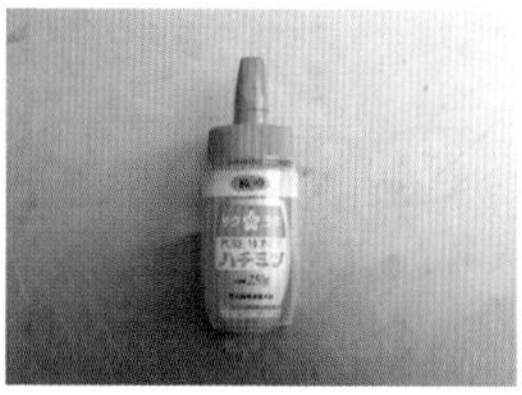

はちみつ

フィナンシェやカステラなど、しっとりと仕上げたいときに砂糖と併用しています。種類は好みのもので構いません。

牛乳

プリンなどで使用。こくと風味をしっかり出したいので普通の牛乳を使用してください。低脂肪や無脂肪牛乳は風味が落ちるので避けましょう。

生クリーム

乳脂肪分35～38％のものがおすすめ。40％以上は濃厚な味になりますが、分離しやすくなります。植物性のものは味が変わってしまうので使いません。

バニラビーンズペースト

製菓材料店などで購入可。ペースト1gにつきバニラオイル5滴で代用しても構いません。バニラエッセンスは加熱すると香りが飛ぶのでおすすめできません。

USTENSILES

お菓子作りでは混ぜるときにいくつかの道具を使い分けます。
ここが実はおいしく仕上げるための最重要ポイントです。

道具について

ゴムべら

弾力のある耐熱のシリコン製が便利。主に生地をさっくり混ぜたいときに用いますが、型に生地を入れて平らにならすとき、クリームのデコレーションなどにも使用します。

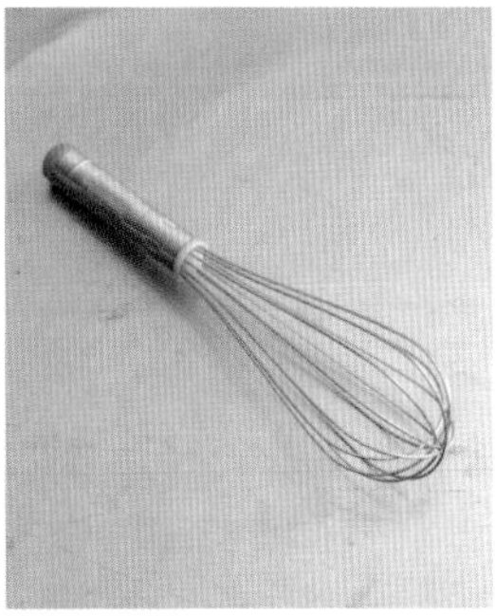

泡立て器

生地に空気を含ませながら混ぜたいときに使います。少量のホイップクリームであれば泡立て器で大丈夫です。ワイヤーが丈夫なステンレス製がおすすめ。

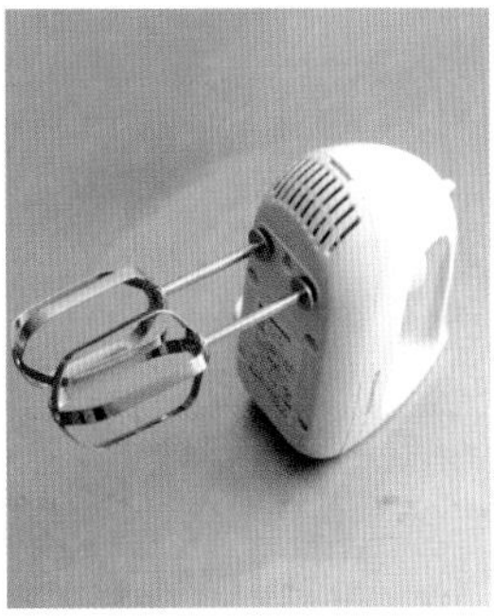

ハンドミキサー

メレンゲやホイップクリームなど、混ぜるのに時間のかかるものはハンドミキサーで。機種によってパワーが異なるので、必ず状態を見て仕上がりを判断してください。

万能こし器

粉類をふるうとき、生地をこすときなどに使用。目が細かいもののほうがきめ細かい仕上がりになります。網が二重のものは目詰まりしやすいので避けましょう。

ボウル

生地作りには直径21㎝ほどのステンレス製がおすすめ。ホイップクリーム作りなどに使える、少し小さめのものもいくつか用意しておくと便利です。

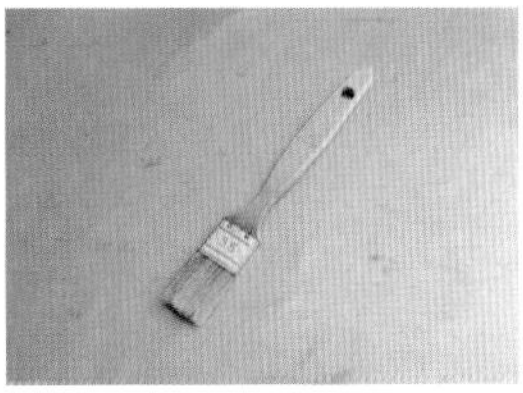

はけ

焼き上がったケーキにジャムやシロップ、アイシングを塗るなど、用途はさまざま。においがつきやすいので使用後はよく洗って乾かしておきましょう。

《その他のこの本の決まり》

- 材料の分量は正味量です。くだもの、野菜、卵などは、皮や殻など、通常は不要とされる部分は取り除いてから計量し、調理してください。
- レモンやオレンジなどの柑橘類はポストハーベスト農薬不使用のものを使ってください。
- 「常温」とは約18℃を指します。
- オーブンは電気のコンベクションオーブンを使用しています。焼成温度、時間は機種により異なりますので、様子を見ながら焼いてください。オーブンの火力が弱い場合は焼成温度を10℃上げてください。
- 電子レンジは特に記載がない場合は600Wです。

しっとり①

CAKE
パウンドケーキ

バター、砂糖、卵、粉をほぼ同じ量で混ぜ合わせて作る、
定番の焼き菓子です。さまざまなフレーバーや具材と組み合わせることができるので、作れば作るほど、その魅力に惹きつけられていくことでしょう。
最初にバターをしっかりとやわらかくしておくことが、成功の秘訣です。

〈基本〉 バニラのパウンドケーキ→p.12

ラズベリーのパウンドケーキ→p.13

基本

バニラのパウンドケーキ

誰でもしっとり、ふんわりとした食感に仕上げることができる生地にしました。
その秘密はサラダ油。一般的にパウンドケーキはバターで作るお菓子ですが、
ここではバターの一部をサラダ油に置き換えて、配合を工夫しました。おかげでバターの風味を
しっかり感じさせつつも、ハンドミキサーを使わずに済み、失敗しにくくもなって、一石二鳥です。

【 材料と下準備 】

バター（食塩不使用）… 80g
▶**常温にもどす**ⓐ
バニラビーンズペースト … 1g
サラダ油 … 30g
上白糖 … 100g
全卵 … 2個分（100g）
▶**常温にもどしてほぐす**
A
薄力粉 … 110g
ベーキングパウダー … 2g

＊型にオーブン用シートを敷く（→p.7）。
＊オーブンはほどよいタイミングで天板ごと180℃に予熱する。

1 ボウルにバターとバニラビーンズペーストを入れ、泡立て器でなめらかになるまで1分ほど混ぜ、サラダ油を加えて完全になじむまで1分ほど混ぜる。

2 上白糖を加え、完全になじんで白っぽくなるまで1分30秒ほどすり混ぜるⓑ。

3 卵を4回ほどに分けて加えⓒ、そのつどつやが出るまですり混ぜる。

4 **A**を合わせてふるいながら加えⓓ、片手でボウルを回しながら、ゴムべらで底から大きくすくい返すようにして全体を20回ほど混ぜるⓔⓕ。側面の生地を落とし、同様に10回ほど混ぜる。粉けがなくなり、つやが出たらOK。

5 型に**4**を入れて中央をくぼませⓖ、予熱完了後に170℃に下げたオーブンで45分ほど焼く。途中、10分ほどたったら水で濡らしたナイフで中央に切り込みを入れるⓗ。

6 竹串を刺してもなにもついてこなければできあがり。型を高さ10㎝ほどのところから台に2回ほど落として、オーブン用シートごと取り出し、網にのせて冷ます。

［ note ］

- **6**で竹串にゆるい生地がついてきた場合はオーブンに戻し、様子を見ながら追加で5分ずつ焼きましょう。網にのせたタイミングでオーブン用シートははずします。
- ラップで包み、冷暗所（夏は冷蔵室）で保存します。目安は4日ほど（生のくだものが入る場合は3日ほど）。
- 焼き上がってすぐにシロップを塗ると、パサつきにくく、日もちも1週間ほどになります。プレゼント用にもおすすめ。小鍋に水と上白糖各50gを入れ、強火で煮立てて上白糖を溶かし、耐熱ボウルに移して冷まして、パウンドケーキが焼き上がったら、熱いうちにはけでトップと側面に塗りⓘ、冷ませばOK。

ラズベリーのパウンドケーキ

トッピングで表情が一変！ 味にメリハリも出ます。

【 材料と下準備 】

バター（食塩不使用）… 80g
　▶常温にもどす
サラダ油 … 30g
上白糖 … 100g
全卵 … 2個分（100g）
　▶常温にもどしてほぐす
A
　薄力粉 … 110g
　ベーキングパウダー … 2g
冷凍ラズベリー … 70g
　▶フォークで軽くつぶし、冷凍室に入れておく
ラズベリージャム
　冷凍ラズベリー … 100g
　上白糖 … 50g
　レモン果汁 … 5g
グリーンピスタチオ … 適量
　▶細かく刻む

＊型にオーブン用シートを敷く（→p.7）。
＊オーブンはほどよいタイミングで天板ごと180℃に予熱する。

1　「バニラのパウンドケーキ」の❶～❻と同様に作る。ただし❶でバニラビーンズペーストは不要。❹で側面の生地を落としたあとにラズベリーを加えて10回ほど混ぜる。❺で焼成時間は50分ほどにする。

2　ラズベリージャムを作る。小鍋にラズベリー、上白糖、レモン果汁を入れて中火で熱し、煮立ったら弱火にして、ゴムべらで混ぜながらさらに5分ほど煮詰める。ゆるくとろみがつき、ゴムべらのあとが残るくらいになったらOK。

3　1のトップにはけで2のラズベリージャム（温かいもの）を塗りⓐ、グリーンピスタチオを散らしてジャムを乾かす。

ジャムが冷めた場合や市販のものを使うときは、乾きやすくするために、必ず鍋で温めてから塗ること。

[note]

・ラズベリージャムは市販のものでもよいのですが、手作りのものだと色がきれいに出ます。

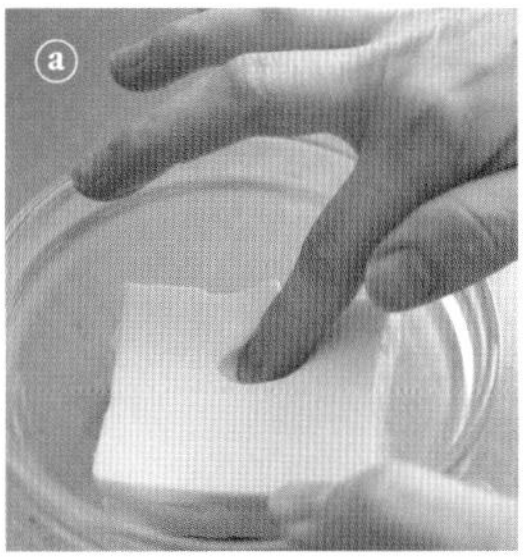

指がすっと入るくらいになるまでやわらかく。ここ重要！

❶～❸はハンドミキサーを使用してもOK。しっかりなじませるのは、砂糖の粒が残っていると膨らまない危険性があるため。

分離しないように分けて加える。分離してしまった場合は薄力粉の1/5量ほどを先に加えてなじませる。

万能こし器や粉ふるいなどを使い、だまになりにくくする。下準備の段階でふるっておいてもよい。

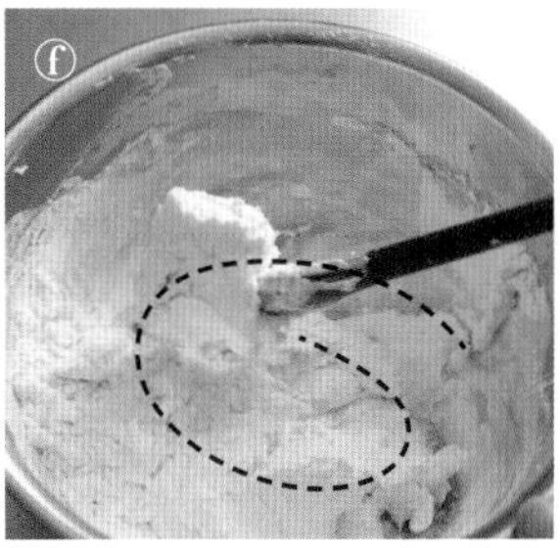

片手でボウルを手前に回し、同時に「の」の字を描くイメージで生地を底からすくって混ぜる。練らないよう注意。

中央を少しくぼませておくと火が均一に入りやすい。オーブンに段がある場合は下段で焼く。

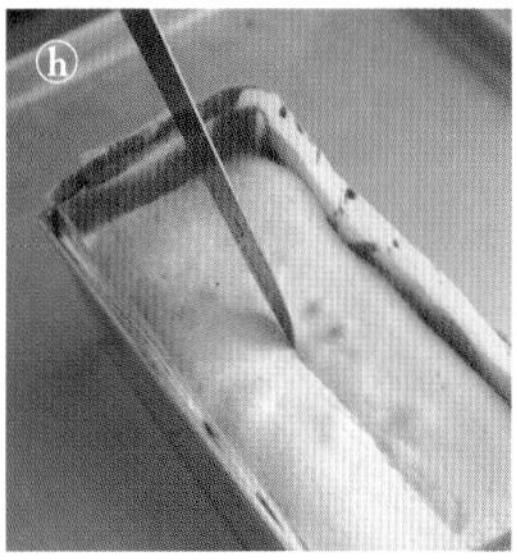

途中で深さ1㎝ほどの切り込みを入れると中心がきれいに盛り上がる。生地がつかないようにナイフは濡らしておく。

りんごとアールグレイの
パウンドケーキ

アップルティーのようなケークです。
りんごの甘酸っぱさがアクセントに。

【 材料と下準備 】

バター（食塩不使用）… 80g
▶常温にもどす
サラダ油 … 30g
三温糖 … 100g
全卵 … 2個分（100g）
▶常温にもどしてほぐす

A
- 薄力粉 … 110g
- ベーキングパウダー … 2g
- 紅茶の茶葉（アールグレイ・ティーバッグ）… 2パック（4g）
  ▶ティーバッグから茶葉を取り出すⓐ

B
- りんご … 1/2個
  ▶芯を取り除き、皮つきのまま縦に幅3mmに切る
- 三温糖 … 10g
- レモン果汁 … 10g

▶りんごに三温糖とレモン果汁をまぶす

＊型にオーブン用シートを敷く（→p.7）。
＊オーブンはほどよいタイミングで天板ごと180℃に予熱する。

ティーバッグの茶葉は粒が細かいのでお菓子の生地に混ぜ込むのに最適。

1 ボウルにバターを入れ、泡立て器でなめらかになるまで1分ほど混ぜ、サラダ油を加えて完全になじむまで1分ほど混ぜる。

2 三温糖を加え、完全になじんで白っぽくなるまで1分30秒ほどすり混ぜる。

3 卵を4回ほどに分けて加え、そのつどつやが出るまですり混ぜる。

4 **A**を合わせてふるいながら加え、片手でボウルを回しながら、ゴムべらで底から大きくすくい返すようにして全体を20回ほど混ぜる。側面の生地を落とし、同様に10回ほど混ぜる。粉けがなくなり、つやが出たらOK。

5 型に**4**を入れて中央をくぼませ、**B**を4等分にかたまりにして、間隔をあけて、ひとかたまりずつ皮を上にしてやや斜めにのせる。予熱完了後に170℃に下げたオーブンで50分ほど焼く。

6 竹串を刺してもなにもついてこなければできあがり。型を高さ10cmほどのところから台に2回ほど落として、オーブン用シートごと取り出し、網にのせて冷ます。

［ note ］

- ティーバッグでない紅茶で、茶葉が大きい場合はポリ袋に入れ、めん棒を転がして細かくしましょう。ダージリンでも合います。
- りんごは好みの品種でOK。

栗のパウンドケーキ

やはりクランブルの食感はパウンドケーキにぴったり！
砂糖を黒糖にしてこっくりとした味わいに仕上げました。

【 材料と下準備 】

クランブル
- 薄力粉 … 30g
- アーモンドパウダー … 20g
- 黒糖（粉末）… 20g
- バター（食塩不使用）… 20g
  ▶1㎝角に切り、冷蔵室で冷やしておく

バター（食塩不使用）… 80g
▶常温にもどす

サラダ油 … 30g

黒糖（粉末）… 100g

全卵 … 2個分（100g）
▶常温にもどしてほぐす

A
- 薄力粉 … 90g
- アーモンドパウダー … 20g
- ベーキングパウダー … 2g

栗の渋皮煮 … 90g＋10g
▶それぞれ1㎝角に切る

＊型にオーブン用シートを敷く（→p.7）。
＊オーブンはほどよいタイミングで天板ごと180℃に予熱する。

クランブルは大きさがばらけていて構わない。大小があることで見た目と食感に変化がつく。

1 クランブルを作る。ボウルに薄力粉、アーモンドパウダー、黒糖を合わせてふるい入れ、バターを加えて、指先でバターをつぶすようにしてすり混ぜる。全体がなじんでそぼろ状になったら、軽く握って1㎝角ほどのかたまりを適量作りⓐ、冷凍室に入れておく。

2 別のボウルにバターを入れ、泡立て器でなめらかになるまで1分ほど混ぜ、サラダ油を加えて完全になじむまで1分ほど混ぜる。

3 黒糖を加え、完全になじんでふんわりとするまで1分30秒ほどすり混ぜる。

4 卵を4回ほどに分けて加え、そのつどつやが出るまですり混ぜる。

5 **A**を合わせてふるいながら加え、片手でボウルを回しながら、ゴムべらで底から大きくすくい返すようにして全体を20回ほど混ぜる。側面の生地を落とし、栗の渋皮煮90gを加えて同様に10回ほど混ぜる。粉けがなくなり、つやが出たらOK。

6 型に**5**を入れて中央をくぼませ、**1**のクランブルと栗の渋皮煮10gをのせる。予熱完了後に170℃に下げたオーブンで50分ほど焼く。

7 竹串を刺してもなにもついてこなければできあがり。型を高さ10㎝ほどのところから台に2回ほど落として、オーブン用シートごと取り出し、網にのせて冷ます。

［ **note** ］
・栗と相性のよいアーモンドパウダーと黒糖で深みのある味に。アーモンドパウダーの風味は自然な甘さを引き立ててくれます。

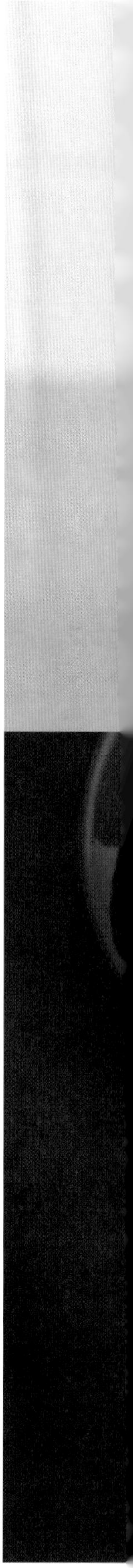

ドライフルーツの パウンドケーキ

「CAKE」と言えばフランス語では
ドライフルーツをのせたパウンドケーキのこと。
世界各地でずっと愛され続けてきた
定番で飽きのこないおいしさです。

【 材料と下準備 】

ドライフルーツのラム酒漬け
- ドライアプリコット、ドライいちじく … 各30g
  ▶それぞれ熱湯をかけて水けをきり、1.5cm角に切る
- レーズン … 30g
  ▶熱湯をかけて水けをきる
- ラム酒 … 50g
- くるみ（ロースト済み）、ドレンチェリー（赤） … 各20g
  ▶それぞれ半分に切る

バター（食塩不使用） … 80g
▶常温にもどす
サラダ油 … 30g
上白糖 … 100g
全卵 … 2個分（100g）
▶常温にもどしてほぐす

A
- 薄力粉 … 90g
- アーモンドパウダー … 20g
- ベーキングパウダー … 2g

アプリコットジャム … 100g
ドライアプリコット、ドライいちじく … 各20g
▶それぞれ熱湯をかけて水けをきり、半分に切る
くるみ（ロースト済み）、ドレンチェリー（赤） … 各20g
▶それぞれ半分に切る

＊型にオーブン用シートを敷く（→p.7）。
＊オーブンはほどよいタイミングで天板ごと180℃に予熱する。

［ note ］
・ドライフルーツがぎっしり詰まった大人向けのパウンドケーキ。
・ドライフルーツのラム酒漬けは軽く温めることでマイルドな味になります。

1 ドライフルーツのラム酒漬けを作る。小鍋にドライアプリコット、ドライいちじく、レーズン、ラム酒を入れ、30分以上漬ける。中火で熱し、軽く煮立つまで温め、耐熱ボウルに移して冷ます。くるみとドレンチェリーを加えて混ぜる。

2 ボウルにバターを入れ、泡立て器でなめらかになるまで1分ほど混ぜ、サラダ油を加えて完全になじむまで1分ほど混ぜる。

3 上白糖を加え、完全になじんで白っぽくなるまで1分30秒ほどすり混ぜる。

4 卵を4回ほどに分けて加え、そのつどつやが出るまですり混ぜる。

5 **1**のドライフルーツのラム酒漬けをざるに上げ、汁けをきる。

6 **4**に**A**を合わせてふるいながら加え、片手でボウルを回しながら、ゴムべらで底から大きくすくい返すようにして全体を20回ほど混ぜる。側面の生地を落とし、**5**を加えて同様に10回ほど混ぜる。粉けがなくなり、つやが出たらOK。

7 型に**6**を入れて中央をくぼませ、予熱完了後に170℃に下げたオーブンで50分ほど焼く。途中、10分ほどたったら水で濡らしたナイフで中央に切り込みを入れる。

8 竹串を刺してもなにもついてこなければできあがり。型を高さ10cmほどのところから台に2回ほど落として、オーブン用シートごと取り出し、網にのせて冷ます。

9 小鍋にアプリコットジャムを入れ、ゴムべらで混ぜながら中火でひと煮立ちさせる。

10 **8**のトップと側面にはけで**9**（温かいもの）を塗るⓐ。さらにドライアプリコット、ドライいちじく、くるみ、ドレンチェリーに**9**を塗ってからのせⓑⓒ、ジャムを乾かす。

生地の乾燥を防ぎつつ、トッピングをのせやすくする。

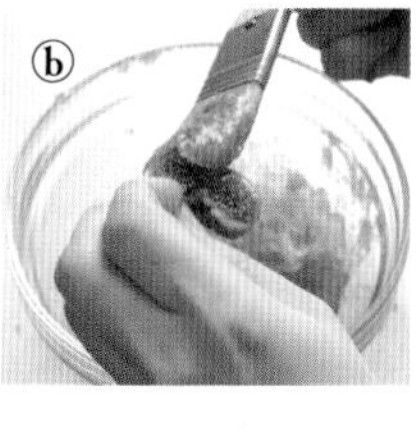

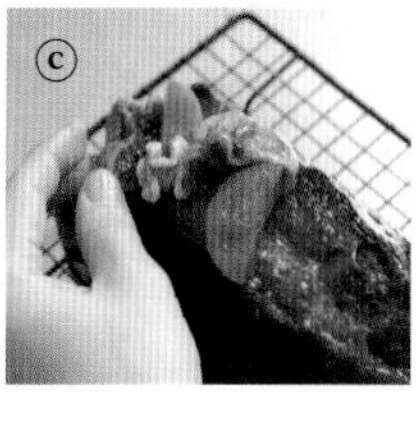

トッピングにも塗る。水けはしっかりとっておくこと。

ウィークエンド

週末に食べるお菓子として広まったフランス菓子。
レモンの香りとしゃりしゃりのアイシング、
ふわふわの生地が特徴です。前の5レシピとは異なり、
スポンジ生地の作り方になります。

【 材料と下準備 】

A
- バター（食塩不使用）… 80g
  ▶常温にもどす
- はちみつ … 10g
- レモンの皮 … 1個分
  ▶表面の黄色い部分のみをすりおろす
- レモン果汁 … 10g

全卵 … 2個分（100g）
▶常温にもどす
グラニュー糖 … 80g
薄力粉 … 90g
アプリコットジャム … 100g
アイシング
- 粉砂糖 … 100g
- 水 … 10g
- レモン果汁 … 10g

グリーンピスタチオ … 5g
▶細かく刻む

＊型にオーブン用シートを敷く（→p.7）。
＊オーブンはほどよいタイミングで天板ごと180℃に予熱する。

1 ボウルに**A**を入れ、湯せん（約70℃）にかけてバターを溶かし、約40℃に保つ。

2 別のボウルに卵を入れて泡立て器で軽くほぐし、グラニュー糖を加える。湯せん（約70℃）にかけながら完全になじむまですり混ぜ、約40℃に温めるⓐ。

3 **2**のボウルを湯せんからはずし、ハンドミキサーの高速で4分ほど混ぜる。すくうと流れ落ちたあとが3秒ほどで消えるくらいになったらOKⓑ。

4 **1**をゴムべらに伝わせながら回し入れ、片手でボウルを回しながら、底から大きくすくい返すようにして全体を40回ほど混ぜる。バターの筋がなくなればOK。

5 薄力粉をふるいながら4回ほどに分けて加え、そのつど同様に20回ほど混ぜるⓒ。粉けがなくなり、つやが出たらOK。

6 型に**5**を入れて表面を平らにならし、型を高さ10㎝ほどのところから台に2回ほど落とす。予熱完了後に170℃に下げたオーブンで35分ほど焼く。

7 竹串を刺してもなにもついてこなければできあがり。型を高さ10㎝ほどのところから台に2回ほど落として、オーブン用シートごと取り出し、上下を返して網にのせて冷ます。

8 再び上下を返して型に戻し入れ、型からはみ出ている部分を切り落とすⓓ。切り落とした面を下にして網に戻す。

9 小鍋にアプリコットジャムを入れ、ゴムべらで混ぜながら中火でひと煮立ちさせる。

10 **8**のトップと側面にはけで**9**（温かいもの）を塗って乾かす。

11 アイシングを作る。ボウルに粉砂糖をふるいながら入れ、水とレモン果汁を加えて、ゴムべらでつやが出るまで1分ほど混ぜる。

12 オーブンを200℃に予熱する。オーブンの天板に**10**を網ごとのせ、トップと側面にはけで**11**のアイシングを塗る。さらにトップにグリーンピスタチオを散らし、予熱したオーブンで2分ほど加熱して乾かす。

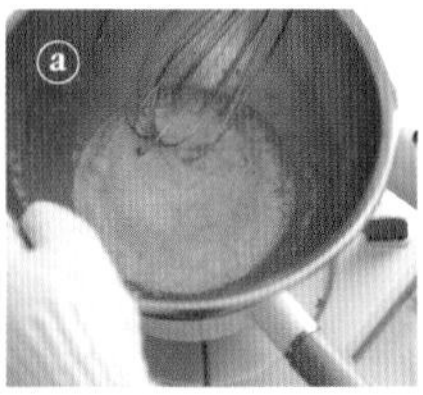

温度が上がりすぎると卵が固まってしまうので注意。

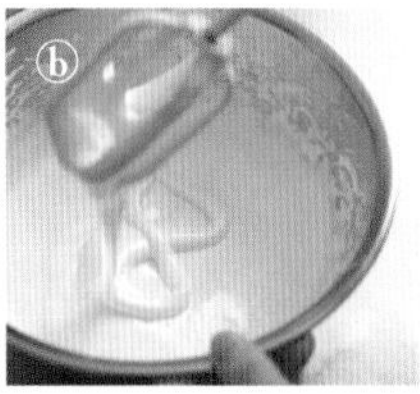

いわゆる「リボン状」の状態。混ぜすぎに注意。

4、**5**の混ぜ方は前の5レシピでもおなじみの「の」の字。

上下をひっくり返すのがウィークエンドの流儀。底面を安定させるため、出っ張りはカットする。

[note]

・**1**でバターが溶けたら湯せんからはずします。冷めてしまった場合は、**4**で生地に加える前に再び湯せんで軽く温めましょう。冷めたまま加えるとバターが生地になじみません。気泡をつぶさないよう、ゴムべらに伝わせて加えます。

しっとり②

CAKE À L'HUILE

バターを使わないパウンドケーキ

バターの代わりに油分としてサラダ油を使う生地です。
バターのような強い風味は出ませんが、基本的には混ぜるだけですから、
初心者さんでも失敗しにくいレシピと言えましょう。アメリカンベイキングには
こうした雰囲気のお菓子が多いように思います。そんな生地にぴったりのアレンジをご紹介します。

《基本》 キャロットケーキ→p.24

バナナケーキ→p.25

基本

キャロットケーキ

にんじんの甘みをしっかり活かすにはこの生地がぴったりで、
フロスティングとのメリハリもよく利きます。にんじんはすりおろさずに、
スライサーでせん切りにするのがおすすめ。ふんわりと仕上がります。
砂糖は三温糖にして、こくと香りを強調しました。

【 材料と下準備 】

全卵 … 2個分（100g）
▶**常温にもどす**
三温糖 … 100g
サラダ油 … 100g
A
　薄力粉 … 130g
　シナモンパウダー … 4g
　ベーキングパウダー … 4g
にんじん … 130g
▶**スライサーでせん切りにする**
レーズン … 30g
▶**熱湯をかけて水けをきる**ⓐ
くるみ（ロースト済み）… 30g＋10g
▶**それぞれ粗く割る**
フロスティング
　クリームチーズ … 100g
　▶**常温にもどす**
　グラニュー糖 … 25g

＊ 型にオーブン用シートを敷く（→p.7）。
＊ オーブンはほどよいタイミングで天板ごと190℃に予熱する。

1 ボウルに卵を入れて泡立て器で軽くほぐす。三温糖を加え、ふんわりとするまで2分ほどすり混ぜる。

2 サラダ油を3回ほどに分けて加え、そのつど完全になじみ、つやが出るまですり混ぜるⓑ。

3 Aを合わせてふるいながら加え、片手でボウルを回しながら、ゴムべらで底から大きくすくい返すようにして全体を20回ほど混ぜるⓒ。8割方混ざったら、にんじん、レーズン、くるみ30gを加え、同様に10回ほど混ぜるⓓ。粉けがなくなったらOK。

4 型に**3**を入れて表面を平らにならし、予熱完了後に180℃に下げたオーブンで45分ほど焼く。

5 竹串を刺してもなにもついてこなければできあがりⓔ。型を高さ10㎝ほどのところから台に2回ほど落として、オーブン用シートごと取り出し、網にのせて冷ますⓕ。

6 フロスティングを作る。ボウルにクリームチーズを入れ、ゴムべらで混ぜて硬さを均一にする。グラニュー糖を加え、泡立て器で完全になじむまですり混ぜるⓖ。

7 **5**のトップに**6**のフロスティングをのせ、ゴムべらで均一に塗り広げる。ラップで包みⓗ、フロスティングを冷蔵室で1時間以上冷やし固める。食べるときにくるみ10gを散らす。

［ **note** ］

- あっさりとしていて時間がたってもパサつきにくく、失敗が少ないので初心者向けです。
- フロスティングはなくてもおいしいです。三温糖がなければ上白糖やグラニュー糖で代用しても可。
- ラップで包み、冷暗所（フロスティングを塗ったものは冷蔵室）で保存します。目安は4日ほど。

バナナケーキ

熟していないバナナでもキャラメリゼすればぐんとおいしく！

【 材料と下準備 】

三温糖 … 30g＋90g
バナナ … 2本（260g）
▶縦半分に切り、1と1/2本（200g）と1/2本（60g）に分ける
全卵 … 1個分（50g）
▶常温にもどす
サラダ油 … 50g
牛乳 … 40g
A
薄力粉 … 150g
ベーキングパウダー … 4g
アーモンド（ロースト済み）… 30g
▶粗く刻む

＊ 型にオーブン用シートを敷く（→p.7）。
＊ オーブンはほどよいタイミングで天板ごと190℃に予熱する。

1 フライパンを中火で熱し、三温糖30gをふり入れ、バナナ1と1/2本をのせる。三温糖が溶けてキャラメル色になったらバナナを返しⓐ、さらに1分ほど焼いて耐熱容器に取り出す。冷めたら泡立て器でつぶす。

2 「キャロットケーキ」の**1**～**5**と同様に作る。ただし**2**でサラダ油のあとに牛乳を加え、なじむまですり混ぜる。**3**で具材の代わりに**1**を加える。**4**で生地を平らにならしたあとに、バナナ1/2本をのせてアーモンドを散らす。

バナナはキャラメリゼすることでこくと風味が出て、熟していないものでも使用できる。

［ **note** ］

・ バナナは個体差があるので、特に生地に混ぜる分はきちんと計量して200gになるように調整してください。

オイルコーティングされている場合があるので、熱湯をかけて落とす。

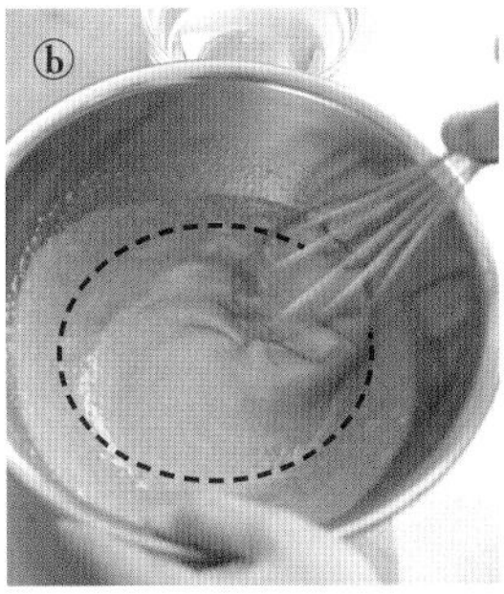

3回ほどに分けて加え、しっかり混ぜて乳化させる。

片手でボウルを手前に回し、同時に「の」の字を描くイメージで生地を底からすくうように混ぜる。

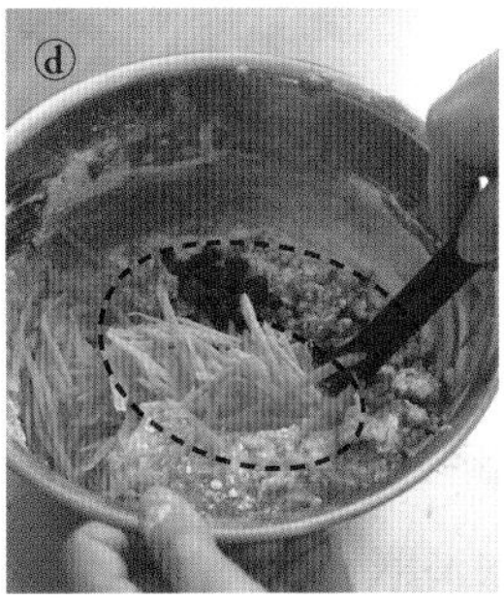

粉けが残っている状態でにんじんなどを加える。混ぜすぎると生地が硬くなるので気をつけて。

竹串にゆるい生地がついてきた場合はオーブンに戻し、様子を見ながら追加で5分ずつ焼く。

網にのせたタイミングでオーブン用シートもはずす。

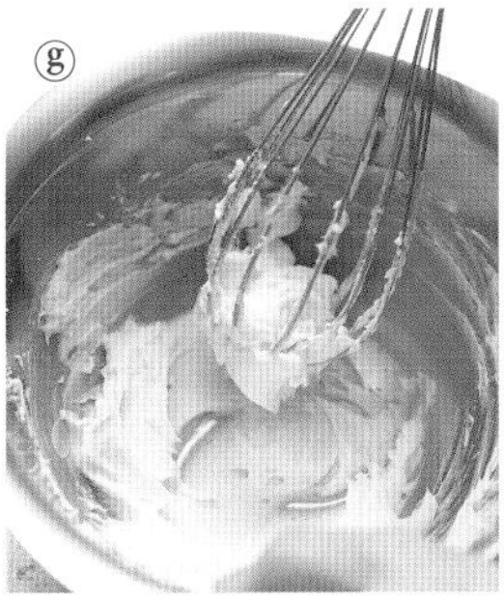

グラニュー糖の粒が見えなくなればOK。

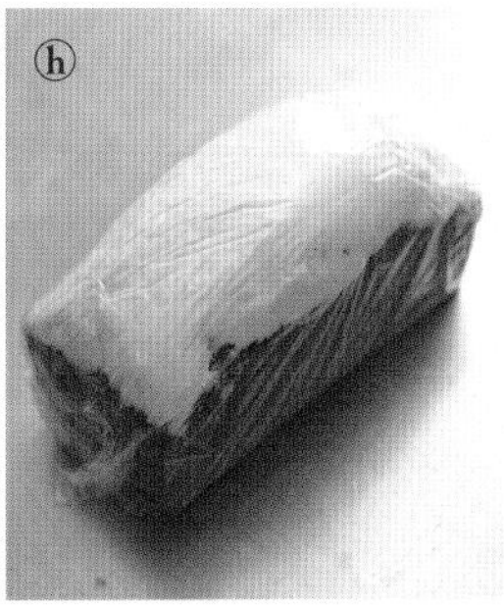

ラップで包んで形を安定させる。

かぼちゃとスパイスの パウンドケーキ

ハロウィンにもぴったりのお菓子。
シナモンとナツメグでさわやかに仕上げます。
食べるときに電子レンジでほんの少し温めてもおいしいです。

【 材料と下準備 】

全卵 … 2個分（100g）
▶常温にもどす
三温糖 … 100g
サラダ油 … 100g
かぼちゃ … 皮なし100g＋皮つき100g
▶皮なし100gは1cm角に切り、耐熱皿にのせてラップをし、電子レンジで4分ほど加熱し、フォークでピュレ状につぶして冷ます。皮つき100gは1cm角に切り、耐熱皿にのせてラップをし、電子レンジで4分ほど加熱して冷ます

A
薄力粉 … 130g
シナモンパウダー … 4g
ナツメグパウダー … 2g
ベーキングパウダー … 4g

グラノーラ … 30g

＊ 型にオーブン用シートを敷く（→p.7）。
＊ オーブンはほどよいタイミングで天板ごと190℃に予熱する。

1 ボウルに卵を入れて泡立て器で軽くほぐす。三温糖を加え、ふんわりとするまで2分ほどすり混ぜる。

2 サラダ油を3回ほどに分けて加え、そのつど完全になじみ、つやが出るまですり混ぜる。ピュレ状にしたかぼちゃ100gを加え、全体になじむまで混ぜる。

3 **A**を合わせてふるいながら加え、片手でボウルを回しながら、ゴムべらで底から大きくすくい返すようにして全体を20回ほど混ぜる。8割方混ざったら、皮つきのかぼちゃ100gを加え、同様に10回ほど混ぜる。粉けがなくなったらOK。

4 型に**3**を入れて表面を平らにならし、グラノーラを散らす。予熱完了後に180℃に下げたオーブンで45分ほど焼く。

5 竹串を刺してもなにもついてこなければできあがり。型を高さ10cmほどのところから台に2回ほど落として、オーブン用シートごと取り出し、網にのせて冷ます。

［ **note** ］

・ グラノーラは食感のアクセントに。なくてもOKです。

しっとり③

FINANCIER

フィナンシェ

基本

フィナンシェ ナチュール→p.30

「フィナンシェ financier」はフランス語で「金融家」などの意味で、
独特の形状は金塊の形を象ったものだとも言われています。
ここではそんなフィナンシェをパウンド型で焼いてみましょう。
体積が大きいので、アーモンドの豊かな香りはそのままに、よりしっとり、ふんわりと焼き上がります。
レシピはパウンド型でも作りやすいよう調整しました。

コーヒーとくるみのフィナンシェ→p.31

基本

フィナンシェ ナチュール

フィナンシェ型でなくパウンド型で作るときのポイントは、きれいに膨らむように卵白を少し泡立てつつ、粉の量を多めにすることです。「ナチュール」には定石どおりに焦がしバターを使っていますが、やはりこのバターの風味こそがフィナンシェの特徴ですね。
砂糖の一部をはちみつにすることで生地をしっとりさせています。

【 材料と下準備 】

バター（食塩不使用）… 120g
はちみつ … 25g
卵白 … 4個分（120g）
▶常温にもどす
グラニュー糖 … 120g
A
アーモンドパウダー … 60g
薄力粉 … 60g
バニラビーンズペースト … 2g
アーモンドスライス … 10g

＊ 型にオーブン用シートを敷く（→p.7）。
＊ オーブンはほどよいタイミングで天板ごと190℃に予熱する。

1 小鍋にバターを入れて強火で熱し、溶けてきたら中火にして泡立て器で混ぜながら焦がす。泡が小さくなり、沈殿物が濃い茶色になったらⓐ、鍋の底を水に30秒ほどあてて粗熱をとりⓑ、はちみつを加えて混ぜ、約60℃に保つ。

2 ボウルに卵白を入れ、泡立て器で白さがはっきりするまでしっかりほぐす。グラニュー糖を加え、ねっとりするまですり混ぜるⓒ。

3 Aを合わせてふるいながら4回ほどに分けて加え、そのつど円を描くように20回ほど混ぜるⓓ。混ぜ終えてからさらに20回ほど混ぜる。粉けがなくなったらOK。

4 **1**を4回ほどに分けて加え、そのつど円を描くように20回ほど混ぜるⓔ。バニラビーンズペーストを加え、さらに10回ほど混ぜる。

5 型に**4**を入れ、アーモンドスライスを散らすⓕ。予熱完了後に180℃に下げたオーブンで40分ほど焼く。途中、10分ほどたったら水で濡らしたナイフで中央に切り込みを入れるⓖ。

6 竹串を刺してもなにもついてこなければできあがり。型を高さ10㎝ほどのところから台に2回ほど落として、オーブン用シートごと取り出し、網にのせて冷ますⓗ。

[note]

・ 残った卵黄はガレットブルトンヌ（p.56）やカスタードプリン（p.82）に使いましょう。
・ ラップで包み、冷暗所で保存します。目安は5日ほど。

コーヒーとくるみのフィナンシェ

こちらは焦がしバターではなく溶かしバターでより手軽に。

【 材料と下準備 】

バター（食塩不使用）… 100g
はちみつ … 25g
インスタントコーヒー … 4g
▶熱湯10gで溶かす
卵白 … 4個分（120g）
▶常温にもどす
グラニュー糖 … 120g
A
アーモンドパウダー … 60g
薄力粉 … 70g
くるみ（ロースト済み）… 80g
▶粗く刻む
アイシング
粉砂糖 … 60g
インスタントコーヒー … 2g
▶熱湯10gで溶かす

＊型にオーブン用シートを敷く（→p.7）。
＊オーブンはほどよいタイミングで天板ごと190℃に予熱する。

1 耐熱ボウルにバターとはちみつを入れ、ラップをして電子レンジで2分ほど加熱して溶かす。熱湯で溶かしたインスタントコーヒーを加えて混ぜⓐ、再びラップをして約60℃に保つ。

2 「フィナンシェ ナチュール」の❷〜❻と同様に作る。ただし❹で**1**を4回ほどに分けて加え、バニラビーンズペーストの代わりにくるみを加える。❺でアーモンドスライスは不要、焼成時間は45分ほどにする。

3 アイシングを作る。ボウルに粉砂糖をふるいながら入れ、熱湯で溶かしたインスタントコーヒーを加えて、ゴムべらでつやが出るまで1分ほど混ぜる。

4 **2**のトップにスプーンで**3**のアイシングをかけ、そのまま乾かす。

［ note ］

・**1**の溶かしバターを加える際、60℃以下になっていたら、電子レンジで10〜20秒加熱して温め直しましょう。冷めていると生地になじみにくくなります。

バターは完全に溶かして。コーヒーの風味が加わるので焦がしバターにしなくてもおいしい。

余熱でも火が入るのでやや早めに判断を。

加熱を止めて焦げすぎを防ぐ。できあがり量の目安は100gほど。

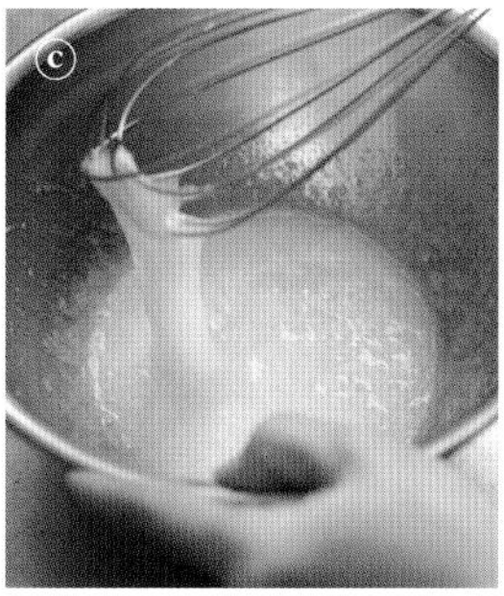

しっかり泡立てる必要はない。全体が重たくなればOK。

泡立て器をぐるぐると大きく回しながら混ぜる。しっかり混ぜて。

焦がしバターは温かい状態で加えること。60℃以下になっていたら軽く温め直す。

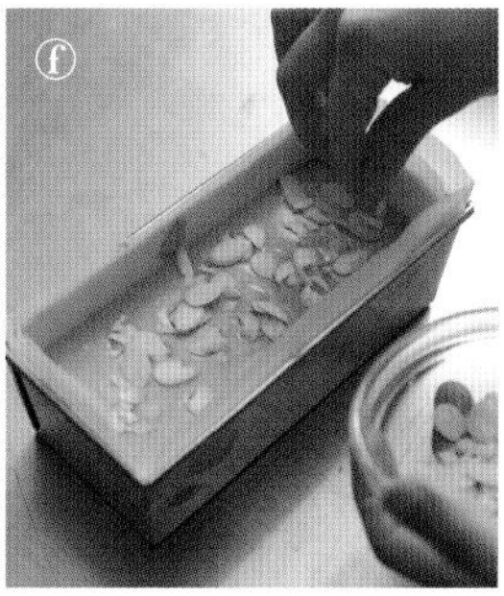

フィナンシェといえばアーモンド。焼成時に火が入るのであらかじめローストする必要はない。

途中で深さ1cmほどの切り込みを入れると中心がきれいに盛り上がる。生地がつかないようにナイフは濡らしておく。

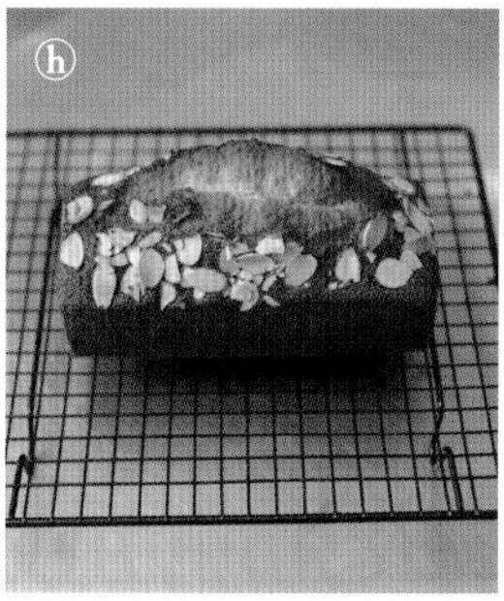

焼き上がったらすぐに型を台に落とすことで焼き縮みを防ぐ。網にのせたタイミングでオーブン用シートをはずす。

金柑とココアのフィナンシェ

濃厚な食べごたえの中でも、金柑の酸味とココアの苦みの
コントラストが鮮やかです。こちらも溶かしバターでOKです。

【 材料と下準備 】

金柑のコンポート
- 金柑 … 100g
- グラニュー糖 … 50g
- 水 … 50g

バター（食塩不使用）… 100g
はちみつ … 25g
卵白 … 4個分（120g）
▶常温にもどす
グラニュー糖 … 120g
A
- アーモンドパウダー … 60g
- 薄力粉 … 45g
- ココアパウダー … 15g

＊型にオーブン用シートを敷く（→p.7）。
＊オーブンはほどよいタイミングで天板ごと190℃に予熱する。

ⓐ

金柑をやわらかくしつつ、
甘みをしっかり入れる。

1 金柑のコンポートを作る。金柑は竹串で7か所ほど穴を開けてから横半分に切り、種を取る。鍋に金柑、グラニュー糖、水を入れて強火で煮立て、弱火にして落としぶたをし、10分ほど煮るⓐ。火を止めてそのまま冷まし、シロップをきってさらに半分に切る。

2 耐熱ボウルにバターとはちみつを入れ、ラップをして電子レンジで2分ほど加熱して溶かす。ラップをしたまま約60℃に保つ。

3 別のボウルに卵白を入れ、泡立て器で白さがはっきりするまでしっかりほぐす。グラニュー糖を加え、ねっとりするまですり混ぜる。

4 **A**を合わせてふるいながら4回ほどに分けて加え、そのつど円を描くように20回ほど混ぜる。混ぜ終えてからさらに20回ほど混ぜる。粉けがなくなったらOK。

5 **2**を4回ほどに分けて加え、そのつど円を描くように20回ほど混ぜる。

6 型に**5**の1/2量を入れ、**1**の金柑のコンポートの1/2量をのせる。これをもう一度繰り返す。予熱完了後に180℃に下げたオーブンで45分ほど焼く。途中、10分ほどたったら水で濡らしたナイフで中央に切り込みを入れる。

7 竹串を刺してもなにもついてこなければできあがり。型を高さ10㎝ほどのところから台に2回ほど落として、オーブン用シートごと取り出し、網にのせて冷ます。

[**note**]

- 金柑のコンポートのシロップは無糖の炭酸水で割って飲んだり、ヨーグルトにかけて食べるとおいしいです。
- **5**で**2**の溶かしバターを加える際、60℃以下になっていたら電子レンジで10〜20秒加熱して温め直しましょう。

FINANCIER

まだまだほかにも①

CAKE SALÉ

ケークサレ

塩味のパウンドケーキを「ケークサレ」と言います。
簡単に作れて、さまざまな具材と合わせることができるので、
朝食や軽食にぴったりです。作り方は
「バターを使わないパウンドケーキ」とほぼ同じです。

ソーセージと玉ねぎのケークサレ

さまざまなソーセージでお試しを。

【 材料と下準備 】

玉ねぎのソテー

- **A**
  - オリーブオイル … 大さじ1
  - にんにく … 1かけ
    - ▶みじん切りにする
- 玉ねぎ … 1/2個
  - ▶みじん切りにする

B

- 全卵 … 2個分（100g）
  - ▶常温にもどす
- オリーブオイル … 50g
- 牛乳 … 50g
- 塩 … 2g
- 粗びき黒こしょう … 3g

粉チーズ … 30g

C

- 薄力粉 … 130g
- ベーキングパウダー … 4g

ロングソーセージ … 4本

ベジタブルカレーのケークサレ

野菜がごろっと入っていて食べごたえ満点。

【 材料と下準備 】

玉ねぎのソテー

- **A**
  - オリーブオイル … 大さじ1
- 玉ねぎ … 1/2個
  - ▶みじん切りにする

B

- 全卵 … 2個分（100g）
  - ▶常温にもどす
- オリーブオイル … 50g
- 牛乳 … 50g
- 塩 … 2g
- 粗びき黒こしょう … 3g

粉チーズ … 30g

C

- 薄力粉 … 130g
- カレー粉 … 3g
- ベーキングパウダー … 4g

じゃがいも … 1個（120g）
- ▶1cm角に切って水にさらし、水けをきる。耐熱皿にのせてラップをし、電子レンジで2分ほど加熱する

ブロッコリー … 50g
- ▶小房に分け、耐熱皿にのせてラップをし、電子レンジで2分ほど加熱して水けをきる

【 共通の下準備 】

＊ 型にオーブン用シートを敷く（→p.7）。
＊ オーブンはほどよいタイミングで天板ごと190℃に予熱する。

【 共通の作り方 】

1 玉ねぎのソテーを作る。フライパンに**A**を入れて中火で熱し、玉ねぎを加えて炒める。しんなりとしたら、バットに取り出して冷ます。

2 ボウルに**B**を入れ、泡立て器で完全になじむまで20回ほど混ぜる。**1**の玉ねぎのソテーと粉チーズを加え、さらに20回ほど混ぜるⓐ。

3 **C**を合わせてふるいながら加えⓑ、片手でボウルを回しながら、ゴムべらで底から大きくすくい返すようにして全体を30回ほど混ぜるⓒ（「ベジタブルカレーのケークサレ」では20回ほど混ぜたところでじゃがいもとブロッコリーを加え、さらに10回ほど混ぜる）。粉けがなくなったらOK。

4 型に**3**を入れて表面を平らにならす（「ソーセージと玉ねぎのケークサレ」では**3**の1/2量を入れて表面を平らにならし、ソーセージ2本をのせる。これをもう一度繰り返す）。予熱完了後に180℃に下げたオーブンで45分ほど焼く。

5 竹串を刺してもなにもついてこなければできあがり。型を高さ10cmほどのところから台に2回ほど落として、オーブン用シートごと取り出し、網にのせて冷ます。

［ note ］

- 食べるときに電子レンジで少し温めるとよりおいしくなります。
- ラップで包み、冷暗所で保存します。目安は3日ほど。

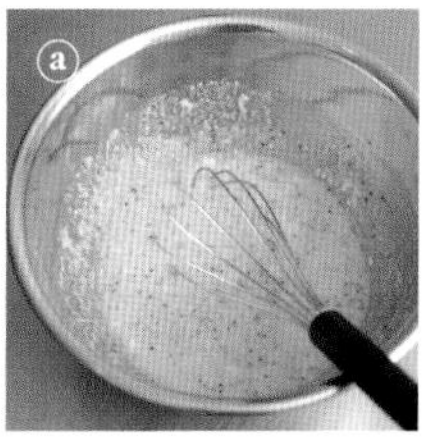

すべての材料がなじめばOK。

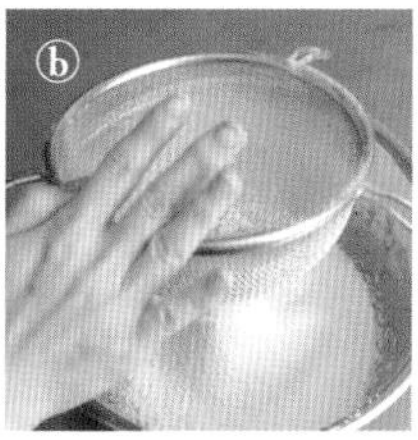

粉はしっかりふるう。カレー粉などを混ぜると生地に味がつく。

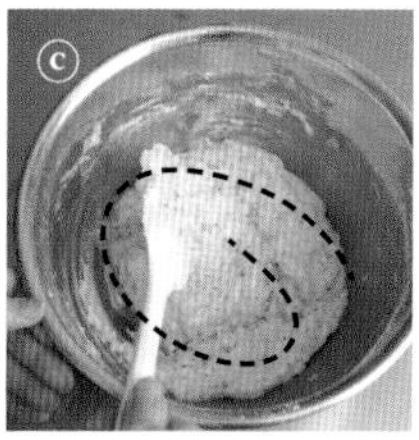

このプロセスは混ぜすぎに注意。混ぜすぎると食感が悪くなる。

ふわふわ①

SHORTCAKE

ショートケーキ

日本人が「ケーキ」と聞いて真っ先に思い浮かべるのがいちごのショートケーキではないでしょうか。
名前こそ英語ですが、実はこのケーキは日本独自のものなんです。
ショートケーキのスポンジ生地は通常、丸型で作りますが、パウンド型で作ることもできます。
デコレーションが簡単なうえ、角張ったショートケーキは、新鮮に映ることでしょう。3～4人分です。

基本

いちごのショートケーキ→p.38

カフェモカ風バターケーキ→p.39

基本

いちごのショートケーキ

卵1個で作れるふわふわのスポンジ生地です。ポイントは最初にしっかり泡立てることと、
粉を入れてからはさっくり混ぜて、気泡をつぶさないようにすることです。手早く作業しましょう。
くだものは好みのもの、季節のもので代用して構いません。ただし水けが出ないよう気をつけてください。

【 材料と下準備 】

全卵 … 1個分(50g)
▶常温にもどす
グラニュー糖 … 30g
薄力粉 … 30g
A
　バター(食塩不使用) … 10g
　牛乳 … 10g
▶合わせてボウルに入れ、湯せん(約70℃)にかけて溶かし、約40℃に保つⓐ
シロップ
　水 … 50g
　グラニュー糖 … 50g

ホイップクリーム
　生クリーム(乳脂肪分36%) … 150g
　グラニュー糖 … 15g
いちご … 4個＋3個
▶4個はへたを取って縦半分に切り、3個はへたつきのまま縦半分に切る
ブルーベリー … 5粒

＊ 型にオーブン用シートを敷く(→p.7)。
＊ オーブンはほどよいタイミングで天板ごと180℃に予熱する。

1 ボウルに卵を入れてハンドミキサーのビーター(羽根)で軽くほぐし、グラニュー糖を加える。湯せん(約70℃)にかけながら完全になじむまですり混ぜ、約40℃に温めるⓑ。

2 ボウルを湯せんからはずし、ハンドミキサーの高速で3分ほど混ぜる。すくうと生地がビーターに一瞬こもり、落ちたあとが5秒ほどで消えるようになったらOKⓒ。さらに低速にして1分ほど混ぜ、きめを整える。

3 薄力粉をふるいながら2回ほどに分けて加え、そのつど片手でボウルを回しながら、ゴムべらで底から大きくすくい返すようにして全体を20回ほど混ぜる。粉けがなくなったらOK。

4 Aのボウルに**3**を20gほど加えてゴムべらで混ぜてから、**3**のボウルに戻し入れる。片手でボウルを回しながら、底から大きくすくい返すようにして全体を20回ほど混ぜる。

5 型に**4**を入れて表面を平らにならし、予熱完了後に170℃に下げたオーブンで20分ほど焼く。

6 竹串を刺してもなにもついてこなければできあがり。型を高さ10㎝ほどのところから台に2回ほど落として、オーブン用シートごと取り出し、網にのせて冷ます。

7 シロップを作る。小鍋に水とグラニュー糖を入れ、強火で煮立ててグラニュー糖を溶かし、耐熱ボウルに移して冷ます。

8 ホイップクリームを作る。ボウルに生クリームとグラニュー糖を入れ、ボウルの底を氷水にあてながらハンドミキサーの高速で3分ほど泡立てる。とろみが強くなり、すくうとつのがおじぎをするくらいになったらOK(七分立て)ⓓ。

9 **6**のトップの焼き色のついた部分を薄く切り落とし、厚みを半分に切るⓔ。下段のスポンジの上面にはけで**7**のシロップを塗り、ゴムべらで**8**のホイップクリームの1/3量をのせて塗り広げる。縦半分に切ったいちご4個分を並べ、いちごのすき間にホイップクリームの1/3量を詰めるようにのせるⓕ。

10 上段のスポンジの両面に**7**のシロップを塗り、**9**に重ねる。残りの**8**のホイップクリームをのせてトップに塗り広げⓖ、冷蔵室で1時間ほど冷やす。側面を薄く切り落としⓗ、へたつきのまま縦半分に切ったいちご3個分とブルーベリーをのせる。

[**note**]

・冷蔵室で2日ほど(バタークリームの場合は4日ほど)保存可能です。スポンジ生地をすぐに使用しない場合はラップで包み、冷暗所で保存してもOK。目安は2日ほど。

カフェモカ風バターケーキ

濃厚なバタークリームがノスタルジックなおいしさ。

【 材料と下準備 】

全卵 … 1個分（50g）
▶常温にもどす
グラニュー糖 … 30g
薄力粉 … 30g
A
- バター（食塩不使用）… 10g
- 牛乳 … 10g

▶合わせてボウルに入れ、湯せん（約70℃）にかけて溶かし、約40℃に保つ

シロップ
- 水 … 50g
- グラニュー糖 … 50g
- インスタントコーヒー … 3g

バタークリーム
- バター（食塩不使用）… 80g
  ▶常温にもどす
- 粉砂糖 … 30g
- インスタントコーヒー … 2g
  ▶熱湯10gで溶かす

アーモンドスライス（ロースト済み）… 20g

＊型にオーブン用シートを敷く（→p.7）。
＊オーブンはほどよいタイミングで天板ごと180℃に予熱する。

［ note ］

・アーモンドスライスがロースト済みでない場合は、150℃に予熱したオーブンで10分ほど焼いて冷ましましょう。

1 「いちごのショートケーキ」の❶〜❼と同様に作る。ただし❼で小鍋にインスタントコーヒーも加える。

2 バタークリームを作る。ボウルにバターを入れて粉砂糖をふるいながら加え、ハンドミキサーの高速で2分ほど混ぜる。全体が白っぽくなったら熱湯で溶かしたインスタントコーヒーを加え、高速で30秒ほど混ぜるⓐ。

3 スポンジのトップの焼き色のついた部分を薄く切り落とし、厚みを半分に切る。下段のスポンジの上面にはけでシロップを塗り、ゴムべらで**2**のバタークリームの1/2量をのせて塗り広げる。

4 上段のスポンジの両面にシロップを塗り、**3**に重ねる。残りの**2**のバタークリームをのせてトップに塗り広げ、冷蔵室で1時間ほど冷やす。側面を薄く切り落とし、アーモンドスライスをのせる。

バターはあらかじめしっかりやわらかくしておくこと。空気を含ませるように混ぜると軽い口あたりになる。

湯せんでゆっくり溶かす。❶でグラニュー糖がなじんだら、Aのボウルを再び湯せんにかけて約40℃に温めておく。

洗いものを減らすためにハンドミキサーのビーターで混ぜる。人肌よりも少し温かいくらいになったらOK。

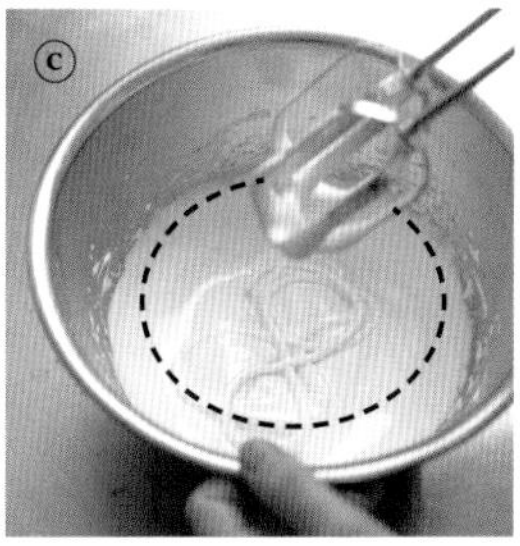

ハンドミキサーで大きな円を描くように混ぜる。落ちたあとがすぐに消えないくらいになったら低速に切り替える。

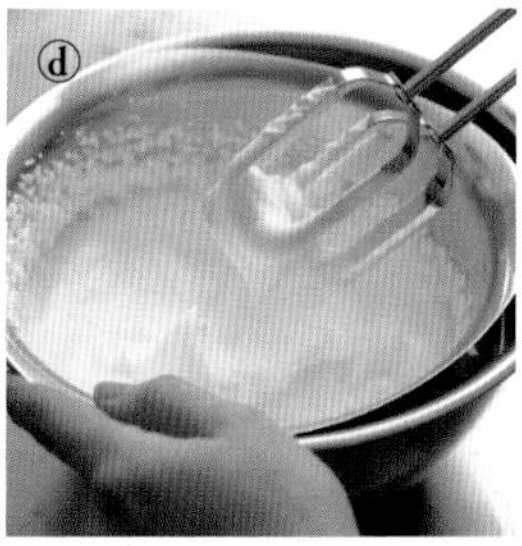

硬さはあっという間に変化してしまうので、ときどき状態を確認する。

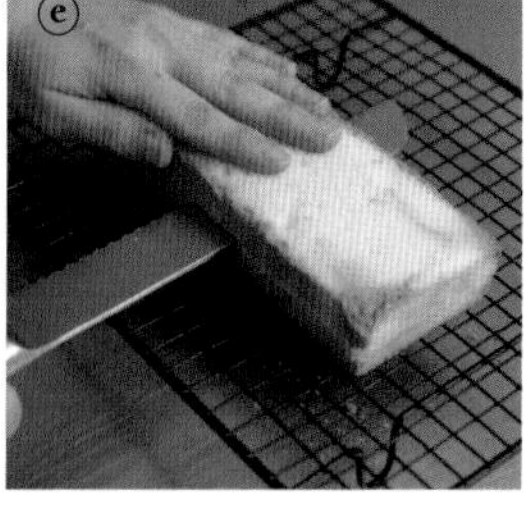

ブレッドナイフがおすすめ。トップを切り落としたら、できるだけ厚みが均一になるように切って2つに分ける。

スポンジ→シロップ→クリーム→くだもの→クリーム→シロップを塗ったスポンジ→クリームの順にのせる。

ゴムべらで表面や角の形を整え、ホイップクリームが落ち着くまで冷蔵室で冷やす。

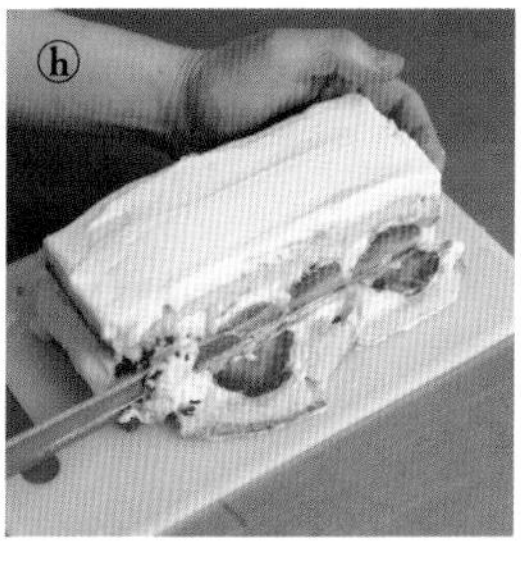

見栄えよく仕上げるために側面を切り落としているが、そのままでも構わない。

チョコレートとパイナップルのケーキ

生地にはココアパウダーを混ぜ込み、クリームをチョコレート味にして
甘酸っぱいフルーツと合わせました。側面をカットしないで済ます、簡単な仕上げです。

【 材料と下準備 】

全卵 … 1個分（50g）
　▶常温にもどす
グラニュー糖 … 30g
A
　薄力粉 … 25g
　ココアパウダー … 5g
B
　バター（食塩不使用）… 10g
　牛乳 … 10g
　▶合わせてボウルに入れ、湯せん（約70℃）にかけて溶かし、約40℃に保つ
シロップ
　水 … 50g
　グラニュー糖 … 50g
チョコレートクリーム
　製菓用チョコレート（ミルク）… 50g
　生クリーム（乳脂肪分36％）… 100g
　　▶使用する10分ほど前に冷蔵室から出す

パイナップル（カット済み）… 100g
　▶小さめのひと口大に切る
オレンジ … 1個
　▶上下を薄く切り落とし、皮を薄皮ごと縦に切り落とす。薄皮と果肉の間に包丁を入れて1房ずつ果肉を取り出し、半分に切る
ミントの葉 … 適量

＊型にオーブン用シートを敷く（→p.7）。
＊オーブンはほどよいタイミングで天板ごと180℃に予熱する。

［ note ］

・チョコレートクリームは温かいうちにハンドミキサーで混ぜると分離しやすいので、冷えるまでは泡立て器で混ぜています。
・「いちごのショートケーキ」と異なり、トップの焼き色のついた部分は切り落とさなくてOK。

1 ボウルに卵を入れてハンドミキサーのビーター（羽根）で軽くほぐし、グラニュー糖を加える。湯せん（約70℃）にかけながら完全になじむまですり混ぜ、約40℃に温める。

2 ボウルを湯せんからはずし、ハンドミキサーの高速で3分ほど混ぜる。すくうと生地がビーターに一瞬こもり、落ちたあとが5秒ほどで消えるようになったらOK。さらに低速にして1分ほど混ぜ、きめを整える。

3 **A**を合わせてふるいながら2回ほどに分けて加え、そのつど片手でボウルを回しながら、ゴムべらで底から大きくすくい返すようにして全体を20回ほど混ぜる。粉けがなくなったらOK。

4 **B**のボウルに**3**を20gほど加えてゴムべらで混ぜてから、**3**のボウルに戻し入れる。片手でボウルを回しながら、底から大きくすくい返すようにして全体を20回ほど混ぜる。

5 型に**4**を入れて表面を平らにならし、予熱完了後に170℃に下げたオーブンで20分ほど焼く。

6 竹串を刺してもなにもついてこなければできあがり。型を高さ10㎝ほどのところから台に2回ほど落として、オーブン用シートごと取り出し、網にのせて冷ます。

7 シロップを作る。小鍋に水とグラニュー糖を入れ、強火で煮立ててグラニュー糖を溶かし、耐熱ボウルに移して冷ます。

8 チョコレートクリームを作る。耐熱ボウルにチョコレートを入れ、ラップをせずに電子レンジで1分ほど加熱し、約50℃に温めて溶かす。生クリームを3回ほどに分けて加え、そのつど泡立て器で全体になじむまで混ぜる。ボウルの底を氷水にあてながら混ぜて冷やし、さらにハンドミキサーの高速で2分ほど泡立てる。とろみが強くなり、すくうとつのがおじぎをするくらいになったらOK（七分立て）ⓐ。

9 **6**の厚みを半分に切る。下段のスポンジの上面にはけで**7**のシロップを塗り、ゴムべらで**8**のチョコレートクリームの1/3量をのせて塗り広げる。パイナップルとオレンジの1/2量を並べ、くだもののすき間にチョコレートクリームの1/3量を詰めるようにのせるⓑ。

10 上段のスポンジの両面に**7**のシロップを塗り、**9**に重ねる。残りの**8**のチョコレートクリームをのせてトップに塗り広げ、残りのパイナップルとオレンジをのせてミントの葉を飾る。

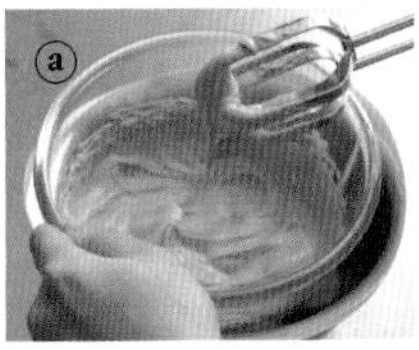

溶かしたチョコレートをホイップクリームに加えればチョコレート味に。チョコレートが入ると硬くなりやすいので注意。

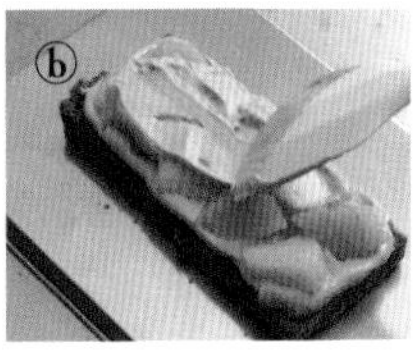

スポンジ→シロップ→クリーム→くだもの→クリーム→シロップを塗ったスポンジ→クリーム→くだものの順にのせていく。

ふわふわ②

KASUTERA

カステラ

戦国時代に伝来したポルトガル菓子がその由来。手みやげなどで定番のお菓子ですが、
実はパウンド型で手作りすることもできます。メレンゲを立てるレシピですが、
ここで泡立てすぎると膨らみすぎて、生地の表面が割れてしまうのでご注意を。
焼きたてもおいしいのですが、冷めたらラップをして保存しておき、
翌日以降に食べるのがおすすめです。

基本

懐かしのカステラ→p.44

コーヒーカステラ→p.45

基本

懐かしのカステラ

こちらは素朴で懐かしい味のふわふわのカステラ。卵のやさしい風味にほっとします。
薄力粉ではなく強力粉を使っているのは、焼成後にしぼみにくくするため。
市販品のように、オーブン用シートを敷いた型の底に、ざらめ糖を散らしてもおいしいです。

【 材料と下準備 】

メレンゲ
- 卵白 … 2個分(60g)
  - ▶常温にもどす
- 上白糖 … 60g

卵黄 … 2個分(40g)
- ▶ボウルに入れて常温にもどす

A
- 牛乳 … 15g
- はちみつ … 10g
- サラダ油 … 10g
- ▶合わせる

強力粉 … 60g

＊ 型にオーブン用シートを敷き(→p.7)、アルミホイルで底と側面を二重に覆うⓐ。
＊ オーブンはほどよいタイミングで天板ごと170℃に予熱する。

1 メレンゲを作る。ボウルに卵白を入れ、ハンドミキサーの高速で1分ほど混ぜる。泡立ってきたら上白糖を3回ほどに分けて加え、そのつど高速で10秒ほど泡立てる。全体になじんだら、さらに高速で1分30秒ほど泡立てる。すくうとつのが大きくおじぎをするくらいになったらOKⓑ。

2 卵黄のボウルに**1**のメレンゲをゴムべらでひとすくいして加えⓒ、卵黄をほぐすように混ぜてから、**1**のボウルに戻し入れる。片手でボウルを回しながら、底から大きくすくい返すようにして全体を20回ほど混ぜ、**A**を加えて同様に20回ほど混ぜる。

3 強力粉をふるいながら3回ほどに分けて加え、そのつど同様に20回ほど混ぜる。粉けがなくなり、つやが出たらOKⓓ。

4 型に**3**を3回ほどに分けて入れ、そのつど表面を平らにならすⓔ。竹串で気泡を切るようにジグザグに動かしⓕ、予熱完了後に160℃に下げたオーブンで25分ほど焼く。表面の焼き色が薄い場合は190℃に上げてさらに5分ほど焼く。

5 竹串を刺してもなにもついてこなければできあがり。型を高さ10㎝ほどのところから台に2回ほど落とし、別のオーブン用シートの上に型ごとひっくり返して取り出し、型に敷いていたオーブン用シートをはずす。粗熱がとれたらラップで包み、そのまま冷ますⓖ。食べるときに側面を薄く切り落とすⓗ。

[note]

- 強力粉は「カメリヤ」を使用。
- 生地の特質により、焼いていると表面がひび割れしそうになることがあります。そんなときはオーブンの扉を何度か開け、少し温度を下げてください。
- 粗熱をとるとき、網にのせるとあとがつくので網は使用しません。
- ラップで包み、常温で保存します。目安は1週間ほど。

コーヒーカステラ

ホイップクリームと合わせるとティラミスのようなデザートに。

【 材料と下準備 】

メレンゲ
- 卵白 … 2個分（60g）
  - **▶常温にもどす**
- 上白糖 … 60g

卵黄 … 2個分（40g）
- **▶ボウルに入れて常温にもどす**

A
- 牛乳 … 15g
- インスタントコーヒー … 4g
- はちみつ … 10g
- サラダ油 … 10g

▶耐熱容器に牛乳とインスタントコーヒーを入れ、ラップをせずに電子レンジで10～20秒加熱して混ぜ、コーヒーを溶かす。はちみつとサラダ油を加えて混ぜる

強力粉 … 60g

ホイップクリーム
- 生クリーム（乳脂肪分36%）… 50g
- グラニュー糖 … 5g

ココアパウダー … 適量

＊ 型にオーブン用シートを敷き（→p.7）、アルミホイルで底と側面を二重に覆う。
＊ オーブンはほどよいタイミングで天板ごと170℃に予熱する。

［ note ］
- 強力粉は「カメリヤ」を使用。
- コーヒーの風味が楽しめる洋風カステラ。ホイップクリームとココアパウダーはお好みで。

1 「懐かしのカステラ」の❶～❺と同様に作る。

2 ホイップクリームを作る。ボウルに生クリームとグラニュー糖を入れ、ボウルの底を氷水にあてながら泡立て器で泡立てる。とろみがつき、すくうと流れ落ちたあとがすぐに消えるくらいになったらOK（六分立て）。

3 カステラを食べやすい大きさに切り分け、器に盛る。2のホイップクリームをのせ、ココアパウダーを茶こしに入れてふる。

ゆっくり火を通したいので、アルミホイルで底と側面を2回覆っておく。

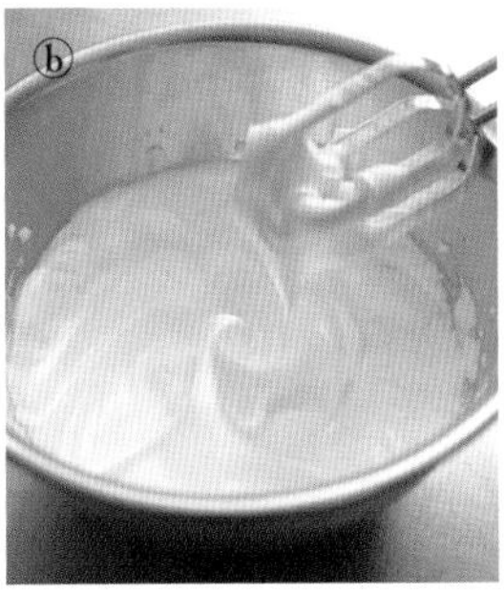

泡立てすぎると焼成時に急激に膨らみ、型から出したときにしぼみやすくなるので気をつける。

卵黄にメレンゲを少量混ぜてから加えると分離しにくく、なじみやすい。

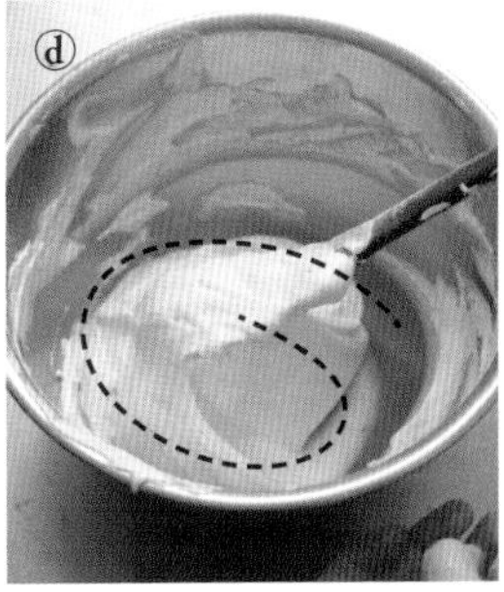

強力粉を使用するともっちりとし、焼成後にしぼみにくい。メレンゲをつぶさないように混ぜて。

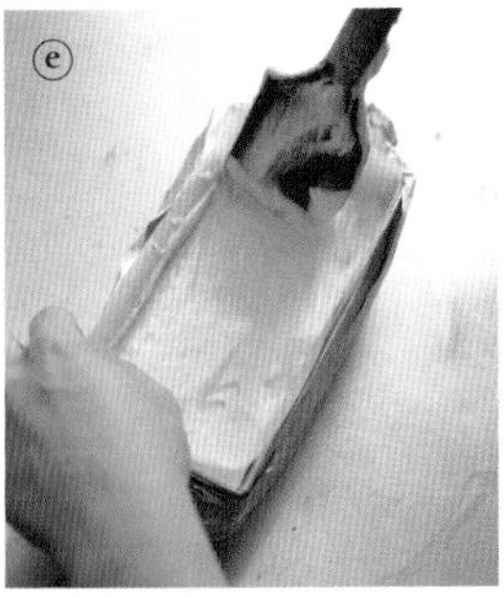

気泡が入らないよう、生地は3回ほどに分けて入れる。

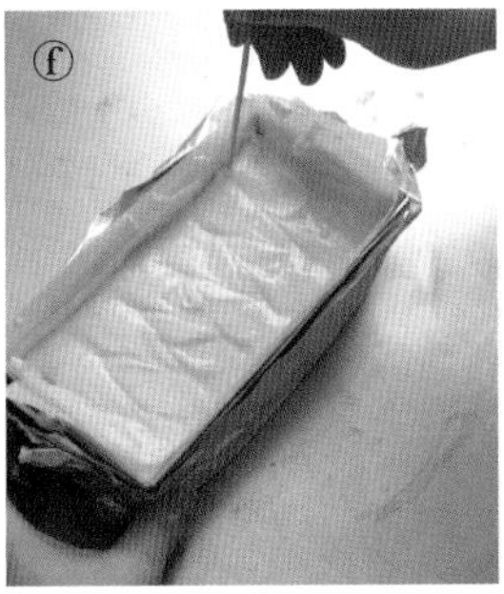

竹串を斜めに細かく動かし、気泡を切ることできめの細かい生地に仕上がる。

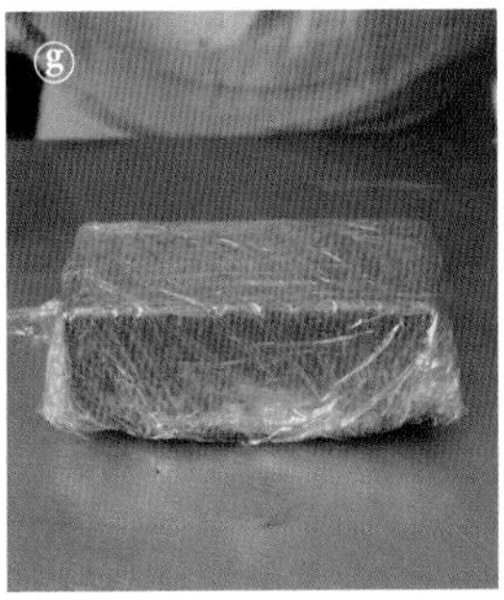

粗熱がとれたらすぐにラップで包み、常温で保存する。

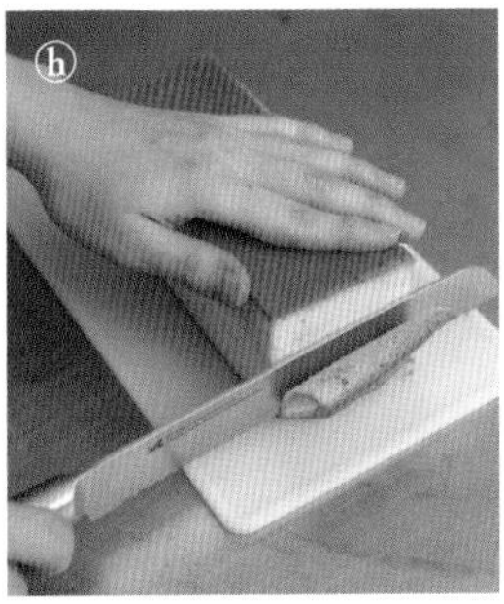

カステラっぽい見た目にするため、焼き色がついた側面の生地を切り落とす。もちろんそのまま食べてもよい。

台湾カステラ

ふわふわしつつ、しっとりとした、台湾カステラの独特の食感は、
「湯せん焼き」することで生まれます。

【 材料と下準備 】

サラダ油 … 30g

A

- 薄力粉 … 20g
- 強力粉 … 10g
- ベーキングパウダー … 1g

牛乳 … 30g

▶耐熱容器に入れ、ラップをせずに電子レンジで10秒ほど加熱する

卵黄 … 2個分（40g）

▶常温にもどす

メレンゲ

- 卵白 … 2個分（60g）
  ▶常温にもどす
- グラニュー糖 … 40g

＊型にオーブン用シートを2㎝ほどはみ出るように敷き、アルミホイルで底と側面を二重に覆うⓐ。

＊バットにペーパータオルを敷く。

＊オーブンはほどよいタイミングで天板ごと150℃に予熱する。

＊湯せん焼き用の湯（分量外）を沸かし、約50℃に冷ます。

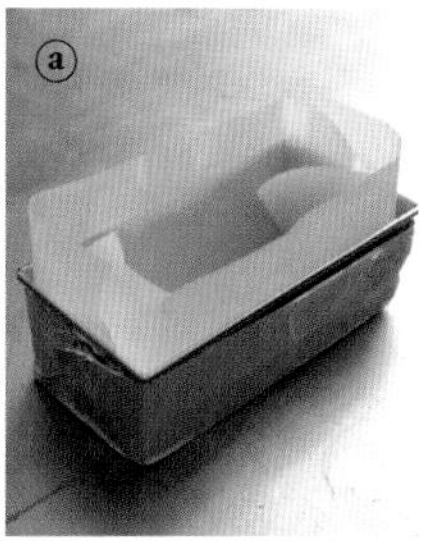

生地が型以上に膨らむため、型に敷くオーブン用シートは高めにしておく。

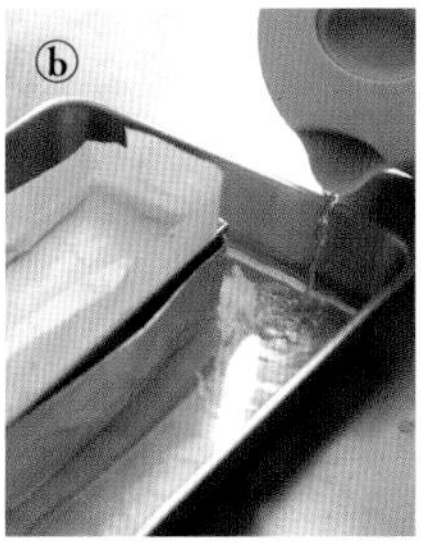

低温で湯せん焼きにし、しっとり焼き上げる。蒸気が全体に行き渡るよう、バットは深さがあり、大きめのものを。

1 耐熱ボウルにサラダ油を入れ、ラップをせずに電子レンジで20秒ほど加熱する。**A**を合わせてふるいながら加え、泡立て器で全体になじむまで混ぜる。粉けがなくなったらOK。

2 牛乳を4回ほどに分けて加え、そのつどさっと混ぜる。卵黄を1個ずつ加え、そのつど全体になじむまで10回ほどすり混ぜる。

3 メレンゲを作る。別のボウルに卵白を入れ、ハンドミキサーの高速で1分ほど混ぜる。泡立ってきたらグラニュー糖を3回ほどに分けて加え、そのつど高速で10秒ほど泡立てる。全体になじんだら、さらに高速で2分ほど泡立てる。すくうとつのが大きくおじぎをするくらいになったらOK。

4 **2**のボウルに**3**のメレンゲをゴムべらでひとすくいして加え、さっくり混ぜてから、**3**のボウルに戻し入れる。片手でボウルを回しながら、底から大きくすくい返すようにして全体を20回ほど混ぜる。

5 型に**4**を3回ほどに分けて入れ、そのつど表面を平らにならす。バットにのせ、湯を深さ2㎝ほど注ぎ入れⓑ、予熱したオーブンで35分ほど焼く。

6 竹串を刺してもなにもついてこなければできあがり。型を高さ10㎝ほどのところから台に2回ほど落として、オーブン用シートごと取り出し、網にのせる。粗熱がとれたらラップで包み、そのまま冷ます。

［ **note** ］

・「懐かしのカステラ」と同様、焼成後にしぼみやすくなるので、メレンゲは混ぜすぎないようにしてください。

ふわふわ③

PAIN VAPEUR

蒸しパン

基本

黒糖とさつまいもの蒸しパン→p.50

お子さんのおやつにぴったりの、素朴な蒸しパンです。
鍋で蒸すのでオーブンは使いません。もちろんせいろでも作れます。
泡立て器で生地を混ぜるだけなので、どなたでも失敗なく作れる、低難易度のレシピです。
パウンド型で作ると生地の容量が大きいので、強火で蒸して、しっかりと火を通しましょう。

しょうがと甘酒の蒸しパン→p.51

基本

黒糖とさつまいもの蒸しパン

さつまいもの甘みがあとを引くおいしさ！ 砂糖は黒糖にして甘さに深みを与えています。
具材を加える場合は、生地に混ぜ込むのではなく、生地を型に入れるときに、
半分くらいの深さのところと表面に半量ずつのせましょう。そうしないとすべて沈んでしまいます。

【 材料と下準備 】

全卵 … 1個分（50g）
▶常温にもどす
黒糖（粉末）… 70g
牛乳 … 70g
A
　薄力粉 … 100g
　ベーキングパウダー … 4g
さつまいも … 80g
▶皮つきのまま1cm角に切り、10分ほど水にさらしてペーパータオルで水けを拭く
黒いりごま … 10g

＊ 型にオーブン用シートを敷く（→p.7）。
＊ ほどよいタイミングで直径20cm、深さ10cmほどの鍋にスチームプレートを敷きⓐⓑ、深さ2cmほどの湯を沸かす。ふたはふきんなどで包む。

1. ボウルに卵を入れて泡立て器で軽くほぐし、黒糖、牛乳の順に加えて、そのつど完全になじむまで混ぜるⓒ。
2. Aを合わせてふるいながら2回ほどに分けて加えⓓ、そのつど円を描くように20回ほど混ぜる。粉けがなくなり、つやが出たらOKⓔ。
3. 型に❷の1/2量を入れ、さつまいもの1/2量をのせる。これをもう一度繰り返しⓕ、ごまをふる。鍋に入れてふたをしⓖ、強火で20分ほど蒸す。
4. 竹串を刺してもなにもついてこなければできあがりⓗ。オーブン用シートごと取り出し、網にのせて冷ます。

[**note**]

・ 冷めたらすぐにラップで包み、常温で保存します。目安は3日ほど（生のくだものが入る場合は2日ほど）。

しょうがと甘酒の蒸しパン

しょうがの香りと金時豆がアクセントに。

【 材料と下準備 】

全卵 … 1個分(50g)
▶**常温にもどす**
上白糖 … 50g
米麹の甘酒 … 80g
牛乳 … 30g
おろししょうが(チューブ) … 30g
A
　薄力粉 … 100g
　ベーキングパウダー … 4g
金時豆(ドライパック) … 30g

＊型にオーブン用シートを敷く(→p.7)。
＊ほどよいタイミングで直径20cm、深さ10cmほどの鍋にスチームプレートを敷き、深さ2cmほどの湯を沸かす。ふたはふきんなどで包む。

1　「黒糖とさつまいもの蒸しパン」の❶～❹と同様に作る。ただし❶で黒糖と牛乳の代わりに上白糖、甘酒、牛乳、しょうがの順に加える。❸でさつまいもの代わりに金時豆を同様に加え(ごまは不要)、強火で25分ほど蒸す。

[**note**]

・しょうがはチューブで手軽に。量は好みで調整してください。生のしょうがを使用すると香りが強くなります。

・金時豆の代わりにゆであずきや黒豆などでもOK。

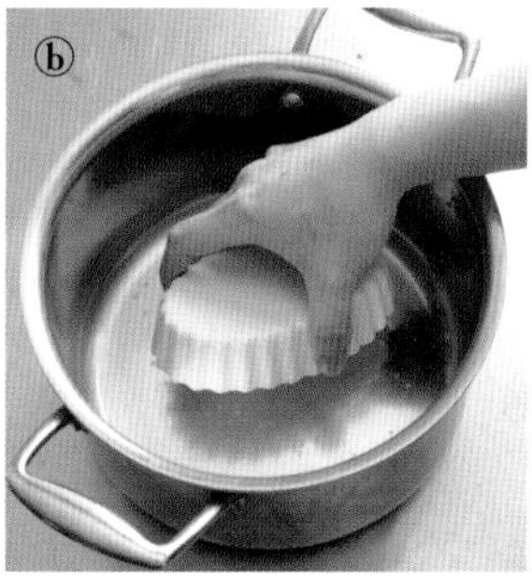

使用したスチームプレートは直径17cmほど。ない場合は浅めの耐熱容器を裏返して鍋に入れるとよい。この場合、沸かす湯の量は耐熱容器よりも少し低めにする。

黒糖がしっかり溶けてから牛乳を加えて混ぜる。

万能こし器や粉ふるいなどを使い、だまになりにくくする。

生地が硬くなるので混ぜすぎないように気をつける。粉けがなくなったら、それ以上は混ぜない。

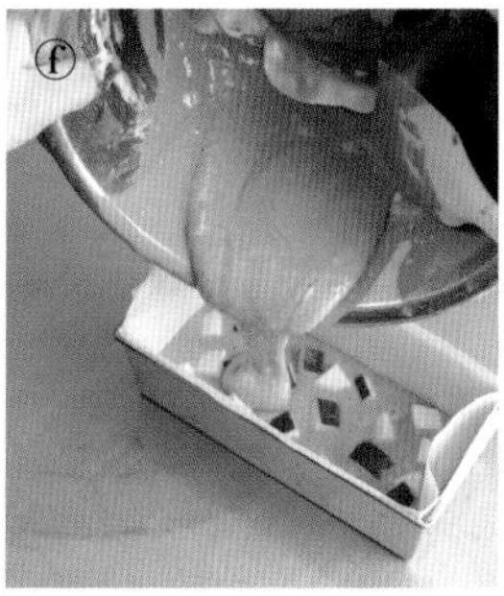

さつまいもなどの具材を生地に混ぜ込むと沈んでしまうので、このタイミングでのせる。

水滴が落ちないように、ふたはふきんなどで包んでおく。

どろっとした生地がついてくるようなら鍋に戻し、さらに5分ほど蒸す。

みかんの蒸しパン

生のくだものと合わせてもおいしいです。素朴な蒸しパンに素朴なみかんは好相性。
甘酸っぱさのメリハリが利いて、軽やかなあと味です。

【 材料と下準備 】

全卵 … 1個分（50g）
▶常温にもどす

みかん … 2個
▶皮は表面のオレンジ色の部分のみをすりおろす。皮をむいて身を取り出し、薄皮をむく

上白糖 … 80g

プレーンヨーグルト（無糖）… 70g

牛乳 … 30g

A
- 薄力粉 … 100g
- ベーキングパウダー … 4g

＊型にオーブン用シートを敷く（→p.7）。
＊ほどよいタイミングで直径20cm、深さ10cmほどの鍋にスチームプレートを敷き、深さ2cmほどの湯を沸かす。ふたはふきんなどで包む。

1 ボウルに卵を入れて泡立て器で軽くほぐし、みかんの皮のすりおろし、上白糖、ヨーグルト、牛乳の順に加えて、そのつど完全になじむまで混ぜる。

2 **A**を合わせてふるいながら2回ほどに分けて加え、そのつど円を描くように20回ほど混ぜる。粉けがなくなり、つやが出たらOK。

3 型に**2**の1/2量を入れ、みかんの身の1/2量をのせる。これをもう一度繰り返す。鍋に入れてふたをし、強火で25分ほど蒸す。

4 竹串を刺してもなにもついてこなければできあがり。オーブン用シートごと取り出し、網にのせて冷ます。

［ note ］

・ ヨーグルトの酸味も効いています。ヨーグルトは水きり不要。

まだまだほかにも②

GALETTE BRETONNE
ガレットブルトンヌ

格子模様と濃厚なバターの風味が印象的な
ブルターニュ地方のお菓子です。
「ガレット」とは「丸く焼いたもの」という意味なのですが、
ここではパウンド型を使って大きな長方形に焼き上げます。
クリームとくだものでタルト風にアレンジも！

ガレットブルトンヌ→p.56

タルト風ガレットブルトンヌ→p.57

ガレットブルトンヌ

ブルターニュ名物の塩を少し利かせるのがポイント。

【 材料と下準備 】

バター（食塩不使用）… 90g
▶常温にもどす
塩 … 2g
粉砂糖 … 60g
卵黄 … 1個分（20g）＋適量
▶1個分は常温にもどしてほぐし、適量はほぐす
ラム酒 … 3g
A
薄力粉 … 80g
アーモンドパウダー … 15g

＊ 型にオーブン用シートを敷く（→p.7）。
＊ オーブンはほどよいタイミングで天板ごと180℃に予熱する。

[note]

- バターはあればぜひ発酵バター（食塩不使用）を使ってほしいです。
- 塩はブルターニュ名物、ゲランドの塩を使用するとベター。
- 保存容器に入れ、常温で保存します。目安は10日ほど。

1 ボウルにバターと塩を入れ、粉砂糖をふるいながら加える。ゴムべらで混ぜて完全になじむまですり混ぜる。

2 卵黄1個分を3回ほどに分けて加え、そのつど完全になじむまで混ぜる。ラム酒を加え、同様に混ぜる。

3 **A**を合わせてふるいながら加える。縦に3回ほど切り、片手でボウルを回しながら、底から大きくすくい返すようにして混ぜる。これを1セットとし、30回ほど繰り返して混ぜる。粉けがなくなったらOK。

4 打ち粉（分量外）をふったオーブン用シートⓐに**3**をのせⓑ、別のオーブン用シートを重ねてはさむ。めん棒で厚さ1㎝ほどにのばしⓒ、冷蔵室で3時間ほど休ませる。

5 型の底の大きさに合わせて切りⓓⓔ、はけで卵黄適量を塗ってⓕフォークで模様を描くⓖ。型に入れⓗ、予熱完了後に170℃に下げたオーブンで30分ほど焼く（余った生地も同様の処理をしてアルミホイルなどに入れていっしょに焼くⓘ）。

6 表面にしっかり焼き色がついたらできあがり。型ごと網にのせⓙ、粗熱がとれたらオーブン用シートごと取り出して冷ます。

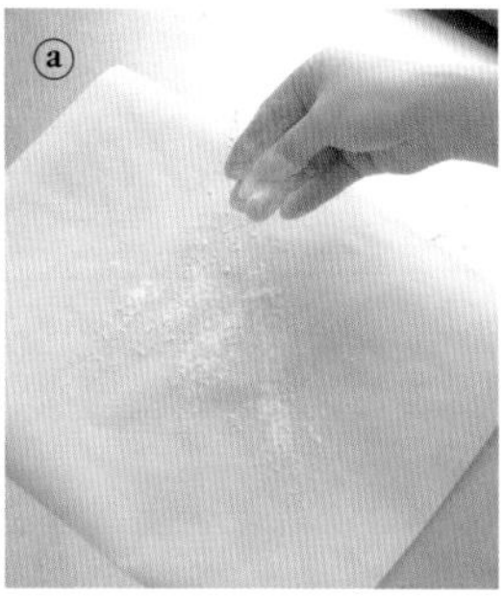

打ち粉は強力粉。紙に生地がくっつかないようにする。

生地はひとかたまりにしてのせる。

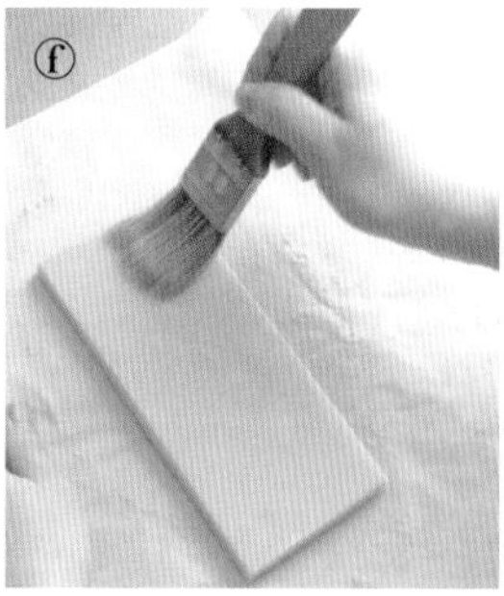

卵黄を塗ると焼き上がりにつやが出て、模様も際立って、美しい。

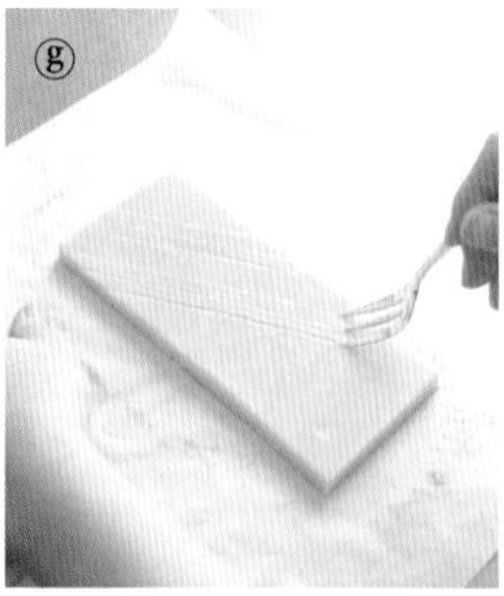

フォークの先端で格子模様を描く。模様は好みでOK。

タルト風ガレットブルトンヌ

ホイップクリームと季節のくだもので簡単アレンジ。

【 材料と下準備 】

ガレットブルトンヌ … 1枚
いちごのホイップクリーム
- 生クリーム（乳脂肪分36％）… 50g
- いちごジャム … 20g

いちご … 適量
▶2〜4つ割りにする
アメリカンチェリー … 適量
▶縦に切り込みを入れて2つに分け、種を取る
ブルーベリー … 適量
ミントの葉 … 適量

1 いちごのホイップクリームを作る。ボウルに生クリームといちごジャムを入れ、ボウルの底を氷水にあてながら泡立て器で泡立てる。とろみが強くなり、すくうとつのがおじぎをするくらいになったらOK（七分立て）ⓐ。

2 ガレットブルトンヌに**1**のいちごのホイップクリームをスプーンでのせて広げⓑ、いちご、アメリカンチェリー、ブルーベリー、ミントの葉をのせる。

［ **note** ］

- パリで食べたお菓子が元になっています。ホイップクリームのジャム、トッピングのくだものは好みのものでOK。

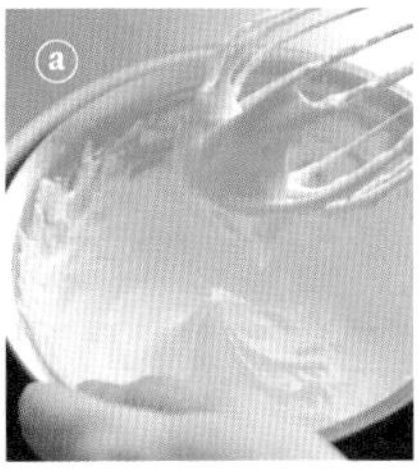

あまり硬くなりすぎず、なめらかな食感を意識して。

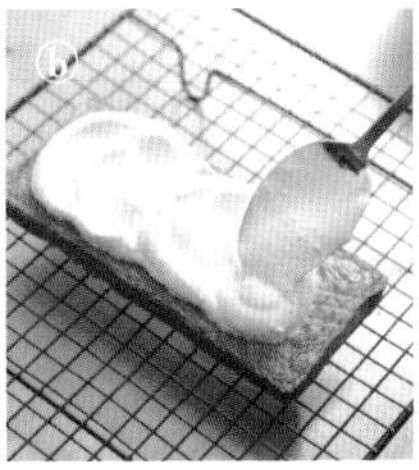
スプーンで落とし、背で塗り広げる。

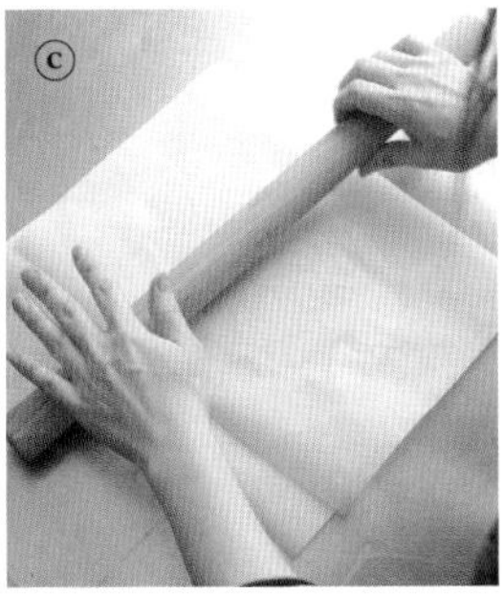

めん棒を生地の中心から奥、中心から手前、と動かして、均一にのばす。たまに手で長方形に整えて。

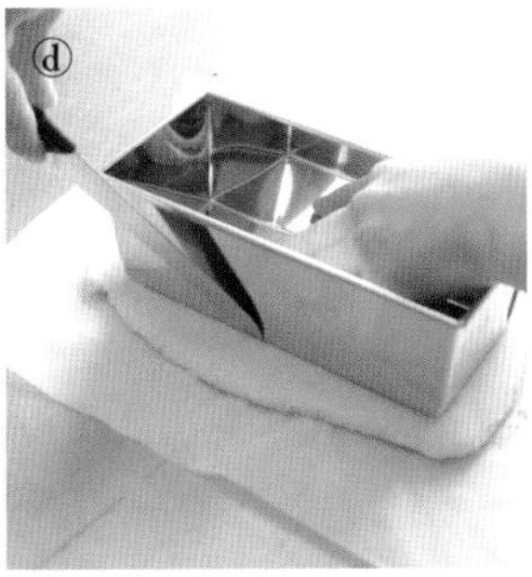

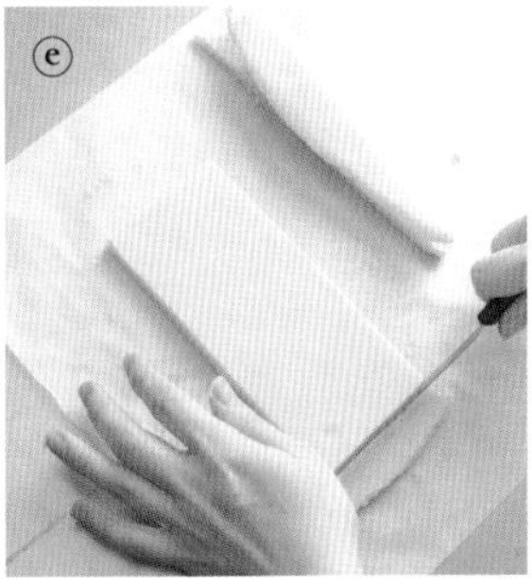

生地を休ませたら型の底をあてて、ナイフであたりをつけてから、長方形に切る。

模様をつけた面を上にして型に入れる。

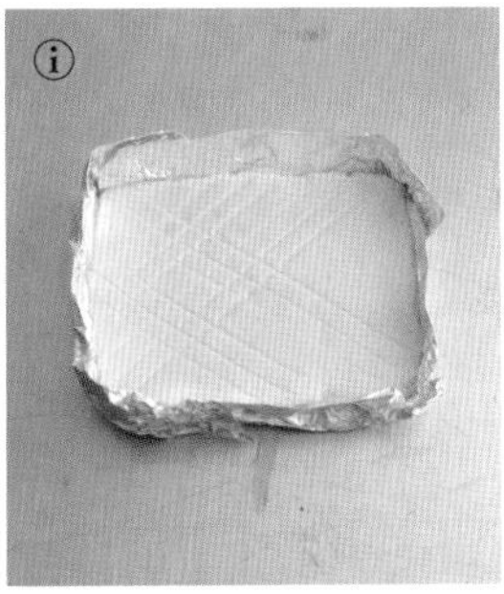

ある程度形を整えて厚さ1㎝ほどにのばし、やわらかい場合は冷蔵室で少し休ませる。卵黄を塗り、模様を描いて、アルミホイルで包む。

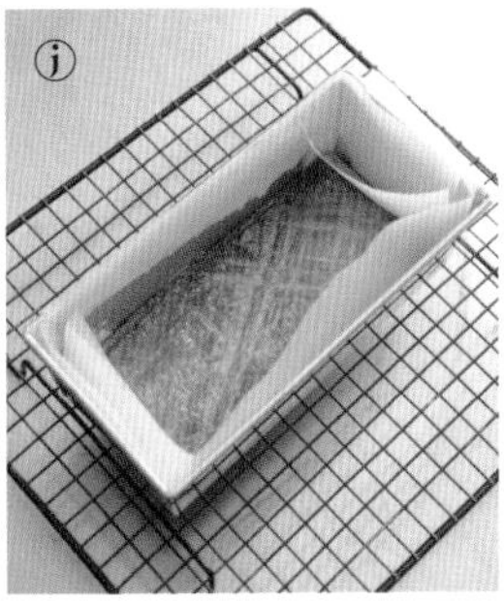

焼き上がってすぐに型から取り出すと割れやすいので粗熱がとれてから取り出す。

どっしり①

CHEESECAKE

チーズケーキ

この本でご紹介するのは「ベイクド」と呼ばれるシンプルなチーズケーキのレシピです。
材料をぐるぐると混ぜていくだけなのでとっても簡単。初心者さんにもおすすめです。
ちょうどクリームチーズ200gで18㎝パウンド型1台分のチーズケーキが作れます。

基本

ラムレーズンのベイクドチーズケーキ→p.60

キャラメルりんごのベイクドチーズケーキ→p.61

基本

ラムレーズンの ベイクドチーズケーキ

具材を入れなくてもおいしい生地ですが、ここではラムレーズンを加えて大人っぽい仕上がりにしました。
一度こしてひと手間かけることで、口あたりがぐっとなめらかになります。
それ以外は本当に簡単な作り方ですので、ぜひ気楽に作ってみてください。

【 材料と下準備 】

クリームチーズ … 200g
 ▶ラップで包み、電子レンジ(200W)で1分ずつ3回ほど加熱し、やわらかくするⓐ
グラニュー糖 … 90g
プレーンヨーグルト(無糖) … 100g
 ▶ペーパータオルで包み、ボウルで受けたざるにのせる。容器などで重しをし、冷蔵室で1時間ほどおいて水きりをし、50gにするⓑ
全卵 … 1個分(50g)
 ▶常温にもどす
卵黄 … 1個分(20g)
 ▶常温にもどす
生クリーム(乳脂肪分36%) … 100g
ラム酒 … 5g
薄力粉 … 15g
ラムレーズン
 レーズン … 50g
  ▶熱湯をかけて水けをきる
 ラム酒 … 20g
 ▶合わせて30分以上おく

＊ 型にオーブン用シートを敷き(→p.7)、アルミホイルで底と側面を覆うⓒ。
＊ オーブンはほどよいタイミングで天板ごと180℃に予熱する。

1. ボウルにクリームチーズを入れ、ゴムべらで混ぜて硬さを均一にする。
2. グラニュー糖、ヨーグルト、卵、卵黄の順に加え、そのつど泡立て器で完全になじむまですり混ぜる。生クリームとラム酒を加え、全体になじむまで混ぜる。
3. 薄力粉をふるいながら加え、円を描くように粉けがなくなるまで混ぜるⓓ。
4. 別のボウルに万能こし器でこしながら流し入れるⓔ。
5. 型にラムレーズンの1/2量を散らし、4の1/2量を入れるⓕ。これをもう一度繰り返す。予熱完了後に170℃に下げたオーブンで45分ほど焼く。
6. 表面に膜が張り、竹串を刺して少しゆるめの生地がついてくる程度でできあがり。型ごと網にのせて冷まし、ラップをして冷蔵室でひと晩冷やすⓖ。
7. 湯で温めたふきんで型の周りを温めⓗ、オーブン用シートごと取り出す。

[note]

- レーズンの苦みが気になる場合はラム酒と合わせたあとに鍋に入れ、ひと煮立ちさせましょう。
- 6で竹串にどろっとした生地がついてきた場合はオーブンに戻し、様子を見ながら追加で5分ずつ焼いてください。
- ラップで包み、冷蔵室で保存します。目安は4日ほど。

キャラメルりんごの
ベイクドチーズケーキ

キャラメリゼすることでりんごの甘みが増し、香ばしくなります。

【 材料と下準備 】

りんごの キャラメリゼ

- グラニュー糖 … 50g
- 水 … 20g
- りんご … 1個
  - **▶皮をむいて1.5cm角に切る**

クリームチーズ … 200g

▶ラップで包み、電子レンジ（200W）で1分ずつ3回ほど加熱し、やわらかくする

グラニュー糖 … 80g

プレーンヨーグルト（無糖）… 100g

▶ペーパータオルで包み、ボウルで受けたざるにのせる。容器などで重しをし、冷蔵室で1時間ほどおいて水きりをし、50gにする

全卵 … 1個分（50g）

▶常温にもどす

卵黄 … 1個分（20g）

▶常温にもどす

生クリーム（乳脂肪分36%）… 100g

レモン果汁 … 5g

薄力粉 … 15g

＊ 型にオーブン用シートを敷き（→p.7）、アルミホイルで底と側面を覆う。

＊ オーブンはほどよいタイミングで天板ごと180℃に予熱する。

[note]

・ りんごは「紅玉」がおすすめです。

1 りんごのキャラメリゼを作る。フライパンにグラニュー糖と水を入れ、あまり動かさずに中火で熱する。グラニュー糖の半分ほどが溶けたら、フライパンを回してまんべんなく加熱し、完全に溶かす。

2 少し色づいてきたらりんごを加え、ゴムべらで混ぜながら煮からめる。濃いキャラメル色になり、りんごがしんなりとしたらⓐ、バットに取り出して冷ます。りんごのキャラメリゼのできあがり。

3 「ラムレーズンのベイクドチーズケーキ」の❶～❼と同様に作る。ただし❷でラム酒の代わりにレモン果汁を加える。❺でラムレーズンの代わりに2のりんごのキャラメリゼを散らす。

色みはこれくらいがちょうどよい。りんごを加えたときにキャラメルがいったん固まるが、りんごの水分で次第に溶けるので問題ない。

加熱むらができないように低いワット数で3回ほどに分けて加熱する。常温でもどしてもOK。硬いまま混ぜると食感が悪くなるので、指がすっと入るくらいになるまでやわらかくして。

50g以下になってしまった場合は落ちた汁を戻し、調整する。

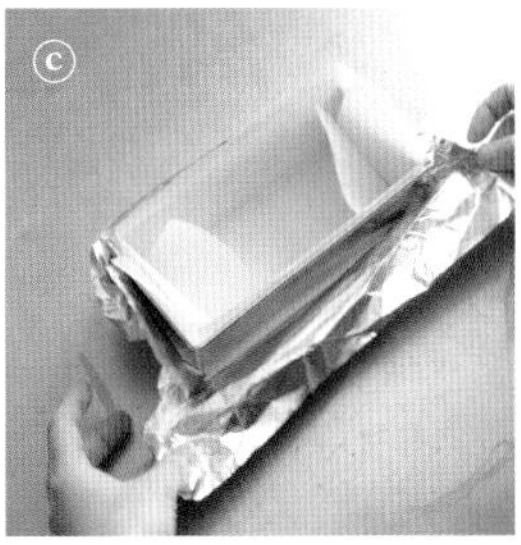

ゆるい生地なので、もれないよう、底と側面を覆っておく。

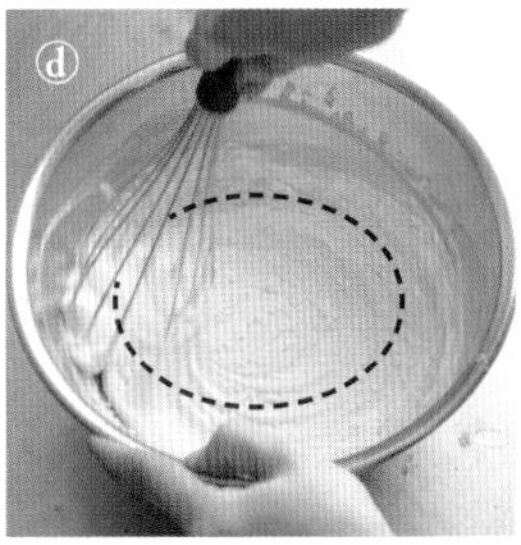

粉は少量なので、一度に加えてOK。

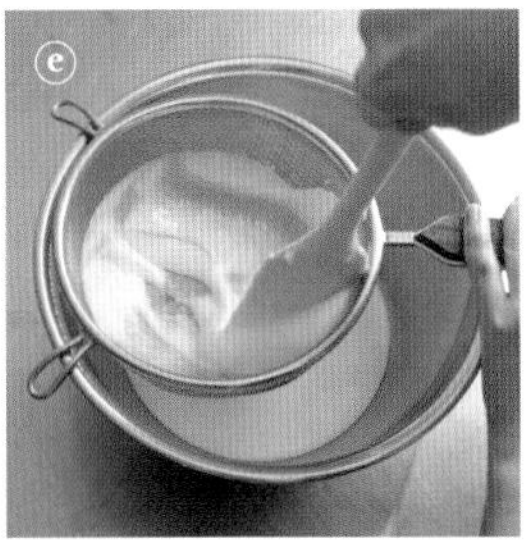

ゴムべらで軽く押さえつけながらこして。

ラムレーズンは汁けを軽くきりながら散らし、続けて生地を入れる。

冷めたら冷蔵室で冷やし固める。このときアルミホイルはつけたままで構わない。

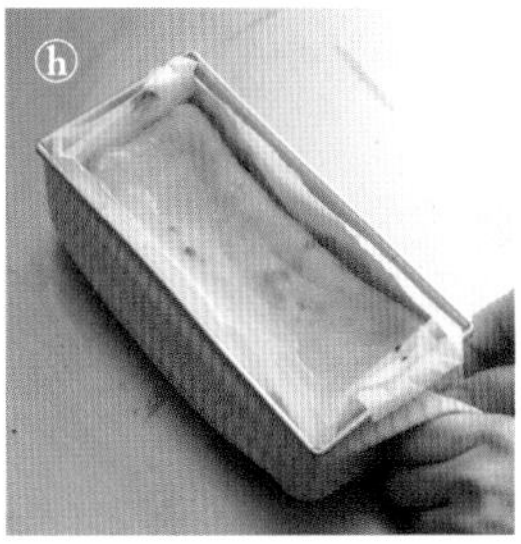

ラップとアルミホイルをはずし、湯で濡らし、水けを絞ったふきんやタオルを型に巻きつけ、10秒ほど温めると取り出しやすくなる。

バスク風チーズケーキ

表面の焼き色が特徴で、ベイクドチーズケーキよりもクリーミー。
パウンド型で作る場合は高温で短く焼くのがこつです。

【 材料と下準備 】

クリームチーズ … 200g
▶ラップで包み、電子レンジ(200W)で1分ずつ3回ほど加熱し、やわらかくする
グラニュー糖 … 70g
全卵 … 2個分(100g)
▶常温にもどす
卵黄 … 1個分(20g)
▶常温にもどす
生クリーム(乳脂肪分36%) … 200g
薄力粉 … 20g

＊型にオーブン用シートを敷き(→p.7)、アルミホイルで底と側面を覆う。
＊オーブンはほどよいタイミングで天板ごと230℃に予熱する。

1 ボウルにクリームチーズを入れ、ゴムべらで混ぜて硬さを均一にする。

2 グラニュー糖を3回ほどに分けて加え、そのつど泡立て器で完全になじむまですり混ぜる。

3 全卵1個分ずつ、卵黄、生クリームの順に加え、そのつど完全になじむまですり混ぜる。

4 薄力粉をふるいながら加え、円を描くように粉けがなくなるまで混ぜる。

5 別のボウルに万能こし器でこしながら流し入れる。

6 型に**5**を入れ、予熱完了後に220℃に下げたオーブンで25分ほど焼く。

7 表面に焼き色がつき、竹串を刺して少しゆるめの生地がついてくる程度でできあがり。型ごと網にのせて冷まし、ラップをして冷蔵室でひと晩冷やす。

8 湯で温めたふきんで型の周りを温め、オーブン用シートごと取り出す。

［ **note** ］

・バスク地方の居酒屋の名物チーズケーキをアレンジしました。通常のベイクドチーズケーキよりも高温、短時間で焼き、しっかり焼き色をつけます。

どっしり②

TERRINE DE CHOCOLAT

テリーヌショコラ

「テリーヌ」というと前菜に出てくるような肉や魚の料理というイメージでしたが、ここ数年、日本でもチョコレートで作ったテリーヌをよく見かけるようになってきました。チョコレートの濃厚な風味となめらかな食感を味わうのにぴったりのお菓子です。技術的に難しいことはなく、失敗しにくいレシピなので、バレンタインデーなどにもおすすめです。

基本

テリーヌショコラ→p.66

洋なしのテリーヌショコラ→p.67

基本

テリーヌショコラ

基本的には溶かしたチョコレートとバターに材料を加え混ぜていくだけです。
チョコレートの温度が高すぎたり低すぎたりすることなく、
各段階で空気を入れないよう気をつけつつ、混ぜてなじませていけば、問題なく作れるでしょう。

【材料と下準備】

製菓用チョコレート（スイート）… 150g
バター（食塩不使用）… 100g
　▶常温にもどす
上白糖 … 50g
全卵 … 3個分（150g）
　▶常温にもどしてほぐす
ココアパウダー … 5g＋適量

＊ 型にオーブン用シートを敷き（→p.7）、アルミホイルで底と側面を覆う。
＊ バットにペーパータオルを敷く。
＊ オーブンはほどよいタイミングで天板ごと180℃に予熱する。
＊ 湯せん焼き用の湯（分量外）を沸かし、約50℃に冷ます。

1. ボウルにチョコレートとバターを入れ、湯せん（約70℃）にかけながらゴムべらで混ぜて溶かすⓐ。
2. 上白糖を加え、泡立て器で完全になじむまですり混ぜる。
3. 卵を3回ほどに分けて加え、そのつど全体になじむまですり混ぜるⓑ。
4. ボウルを湯せんからはずし、ココアパウダー5gをふるいながら加えⓒ、円を描くように1分ほど混ぜる。粉けがなくなり、つやが出たらOK。
5. 型に4を入れ、バットにのせる。湯を深さ2㎝ほど注ぎ入れⓓ、予熱したオーブンで20分ほど焼く。
6. 表面が固まり、竹串を刺して少しゆるめの生地がついてくる程度でできあがりⓔ。型ごと網にのせて冷まし、ラップをしてⓕ冷蔵室でひと晩冷やす。
7. 湯で温めたふきんで型の周りを温めⓖ、オーブン用シートごと取り出す。茶こしにココアパウダー適量を入れてふるⓗ。

［ note ］

- チョコレートはカカオバリーの製菓用スイートチョコレートを使用。スイートタイプであれば好きな味のものを使ってください。カカオ分は好みでOK。
- 包丁を湯で温めると切り分けやすくなります。
- ラップで包み、冷蔵室で保存します。目安は4日ほど。

洋なしのテリーヌショコラ

キャラメリゼした洋なしで甘さとほろ苦さをプラス。

【 材料と下準備 】

洋なしのキャラメリゼ
- 上白糖 … 20g
- 洋なし（缶詰・半割）… 2切れ（100g）

製菓用チョコレート（スイート）… 150g
バター（食塩不使用）… 100g
▶常温にもどす
上白糖 … 50g
全卵 … 3個分（150g）
▶常温にもどしてほぐす
ココアパウダー … 5g
タイム … 3本

＊型にオーブン用シートを敷き（→ p.7）、アルミホイルで底と側面を覆う。
＊バットにペーパータオルを敷く。
＊オーブンはほどよいタイミングで天板ごと180℃に予熱する。
＊湯せん焼き用の湯（分量外）を沸かし、約50℃に冷ます。

［ **note** ］

・もちろん生の洋なしで作っても構いません。生地に洋なしのキャラメリゼをやや斜めにしてかたまりでのせると見た目がきれいに仕上がります。

1 洋なしのキャラメリゼを作る。フライパンに上白糖をふり、洋なしをのせて中火で焼く。両面に焼き色がついたらⓐ、バットに取り出して冷まし、横に幅2㎜に切る。

2 「テリーヌショコラ」の❶～❼と同様に作る。ただし❺で型に生地を入れたあとに、**1**の洋なしのキャラメリゼとタイムをのせる。❼でココアパウダーは不要。

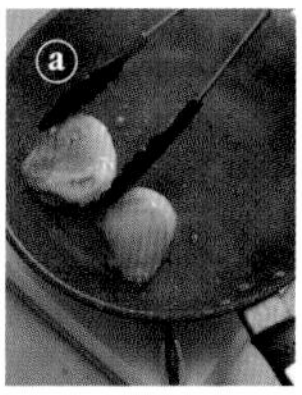

缶詰の洋なしはキャラメリゼすることで独特の香りがやわらぎ、生地になじみやすくなる。

バターが冷たいとチョコレートが先に溶けてしまうので、常温にもどしたバターを使用する。

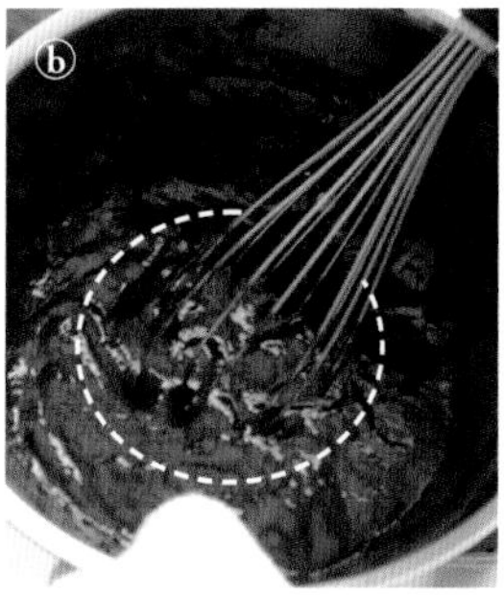

卵は分離しやすいので3回ほどに分けて加え、しっかりなじませる。

ココアパウダーは一度に加え、全体になじんでつやが出るまで混ぜる。

湯せん焼きにしてしっとり焼き上げる。湯をこぼさないようにバットごと天板にのせ、オーブンに段がある場合は下段で焼く。

表面は固まっているが、中は揺れる状態が理想。表面が固まっていない場合はオーブンに戻し、様子を見ながら追加で5分ずつ焼く。

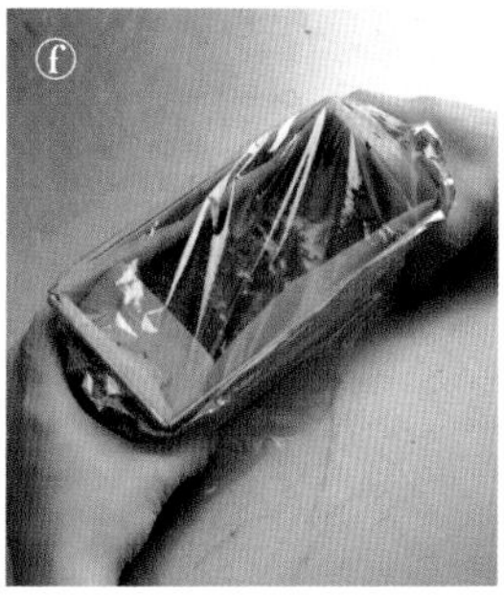

冷やすときは、アルミホイルはつけたままで構わない。

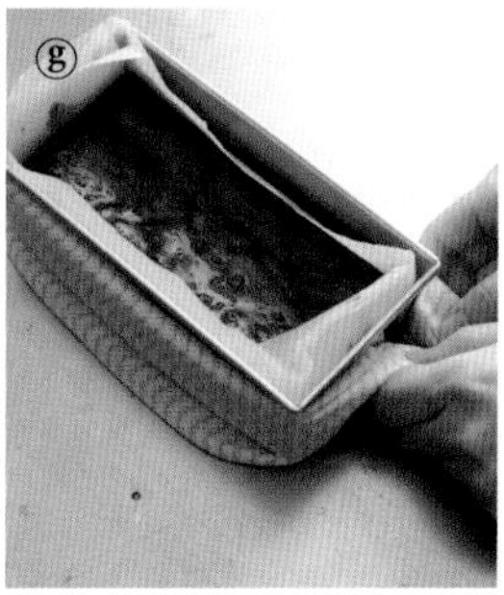

ラップとアルミホイルをはずし、湯で濡らし、水けを絞ったふきんやタオルを型に巻きつけ、10秒ほど温めると取り出しやすくなる。

ココアパウダーをふるときはオーブン用シートをはずす。

ベリーとホワイトチョコのテリーヌ

ミルキーな甘みのホワイトチョコレートに
ベリーとクリームチーズの酸味を利かせてさわやかに仕上げました。
ベリーはいちごなど、ほかのものでも構いません。1種類でもおいしくできます。

【 材料と下準備 】

製菓用チョコレート（ホワイト）… 150g
クリームチーズ … 100g
▶常温にもどす
生クリーム（乳脂肪分36%）… 100g
全卵 … 3個分（150g）
▶常温にもどしてほぐす
薄力粉 … 15g
冷凍ラズベリー … 40g
冷凍ブルーベリー … 20g
溶けない粉砂糖 … 適量

＊型にオーブン用シートを敷き（→p.7）、アルミホイルで底と側面を覆う。
＊バットにペーパータオルを敷く。
＊オーブンはほどよいタイミングで天板ごと170℃に予熱する。
＊湯せん焼き用の湯（分量外）を沸かし、約50℃に冷ます。

1 ボウルにチョコレート、クリームチーズ、生クリームを入れ、湯せん（約70℃）にかけながらゴムべらで混ぜて溶かす。

2 ボウルを湯せんからはずし、卵を3回ほどに分けて加え、そのつど泡立て器で全体になじむまですり混ぜる。

3 薄力粉をふるいながら加え、円を描くように1分ほど混ぜる。粉けがなくなり、つやが出たらOK。

4 型に**3**の1/2量を入れ、ラズベリーとブルーベリーを散らし、残りの**3**を入れる。バットにのせ、湯を深さ2㎝ほど注ぎ入れ、予熱したオーブンで35分ほど焼く。

5 表面が固まり、指で押すと弾力があって、竹串を刺して少しゆるめの生地がついてくる程度でできあがり。型ごと網にのせて冷まし、ラップをして冷蔵室でひと晩冷やす。

6 湯で温めたふきんで型の周りを温め、オーブン用シートごと取り出す。オーブン用シートをはずして上下を返し、茶こしに粉砂糖を入れてふる。

[**note**]

・ホワイトチョコレートは温めすぎると分離するので、溶けたら湯せんからはずしましょう。
・ホワイトチョコレートは固まりにくいので長めに火を通します。**5**でどろっとした生地が竹串についてくるようであれば、様子を見ながらさらに5分ほど焼いてください。

どっしり③

BROWNIE

ブラウニー

アメリカ発祥のお菓子らしく、気軽に作れて、
気軽に食べられる焼き菓子です。
本来は平らな角形に焼くことが多いのですが、
パウンド型で焼いてももちろん問題ありません。
さまざまな具材を加えたりと、アレンジがしやすい点も、
手作りするのに向いているところだと言えます。

基本

ナッツのブラウニー→p.72

塩キャラメルのブラウニー→p.73

基本

ナッツのブラウニー

食べごたえのあるどっしりとした本格的なブラウニーです。
ほかの粉を多く使う焼き菓子と違うのは、竹串を刺したときに少し生地がついてくるくらいで完成だという点。
チョコレートの風味をお菓子の中にしっかり留めておくためのひと工夫です。

【 材料と下準備 】

製菓用チョコレート（スイート）… 75g
バター（食塩不使用）… 40g
▶常温にもどす
グラニュー糖 … 60g
全卵 … 1個分（50g）
▶常温にもどしてほぐす
A
薄力粉 … 35g
ココアパウダー … 15g
くるみ（ロースト済み）… 20g＋10g
▶20gは粗く割る
ピーカンナッツ（ロースト済み）… 10g
アーモンド（ロースト済み）… 10g
グリーンピスタチオ … 5g

＊型にオーブン用シートを敷く（→p.7）。
＊オーブンはほどよいタイミングで天板ごと180℃に予熱する。

1 ボウルにチョコレートとバターを入れ、湯せん（約70℃）にかけながらゴムべらで混ぜて溶かすⓐ。

2 ボウルを湯せんからはずし、グラニュー糖を加え、泡立て器で完全になじむまですり混ぜる。

3 卵を3回ほどに分けて加え、そのつど全体になじむまですり混ぜるⓑ。

4 Aを合わせてふるいながら加えⓒ、円を描くように20回ほど混ぜる。粉けがなくなり、つやが出たらⓓ、くるみ20gを加え、ゴムべらで大きく5回ほど混ぜるⓔ。

5 型に4を入れて表面を平らにならし、くるみ10g、ピーカンナッツ、アーモンド、グリーンピスタチオをのせるⓕ。予熱完了後に170℃に下げたオーブンで25分ほど焼く。

6 竹串を刺し、生地が少しついてくる程度でできあがりⓖ。オーブン用シートごと取り出し、網にのせて冷ますⓗ。

[note]

- チョコレートはカカオ分55％前後がおすすめ。
- ナッツ類は好みのものでOK。ロースト済みでない場合は150℃に予熱したオーブンで15分ほど焼いて冷まします。
- ラップで包み、常温で保存します。目安は4日ほど。

塩キャラメルのブラウニー

表面に広げた塩キャラメルのかりかりとした食感が楽しい！

【 材料と下準備 】

塩キャラメルソース
- グラニュー糖 … 50g
- 水 … 20g
- 塩 … ひとつまみ
- 生クリーム（乳脂肪分36%）… 25g

製菓用チョコレート（スイート）… 75g

バター（食塩不使用）… 40g
▶常温にもどす

グラニュー糖 … 60g

全卵 … 1個分（50g）
▶常温にもどしてほぐす

A
- 薄力粉 … 35g
- ココアパウダー … 15g

＊型にオーブン用シートを敷く（→p.7）。
＊オーブンはほどよいタイミングで天板ごと180℃に予熱する。

1 塩キャラメルソースを作る。小鍋にグラニュー糖、水、塩を入れ、あまり動かさずに中火で熱する。グラニュー糖の半分ほどが溶けたら、鍋を回してまんべんなく加熱し、完全に溶かす。

2 濃いキャラメル色になったら火を止め、生クリームを加えてゴムべらでよく混ぜⓐ、耐熱容器に移して冷ます。塩キャラメルソースのできあがり。

3 「ナッツのブラウニー」の❶～❻と同様に作る。ただし❹と❺でくるみなどのナッツ類はすべて不要。型に生地を入れて表面を平らにならしたあとに**2**の塩キャラメルソースを中央にのせ、竹串の太いほうで小さな円を描きながら10回ほど混ぜてⓑ、焼く。

[**note**]

・塩キャラメルソースは最初からゴムべらで混ぜるとグラニュー糖がかたまりになるので気をつける。

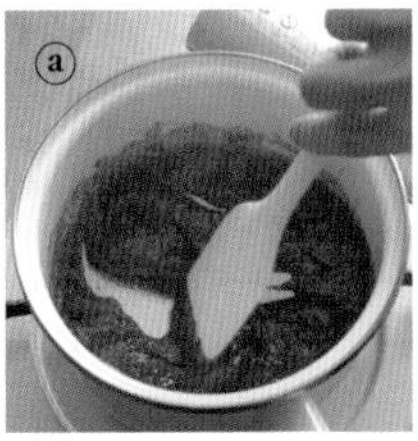

生クリームを加えるときにはねやすいので注意。とろりとした質感になればOK。

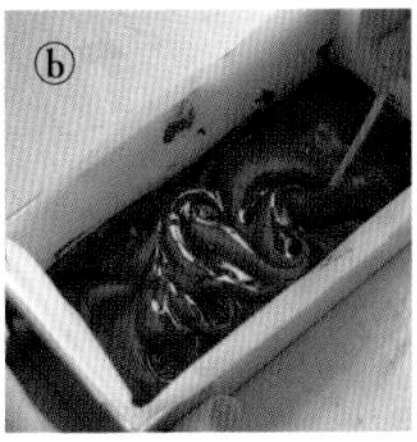

キャラメルがところどころ見えるくらいで止める。混ぜすぎ注意。

バターが冷たいとチョコレートが先に溶けてしまうので、常温にもどしたバターを使用する。

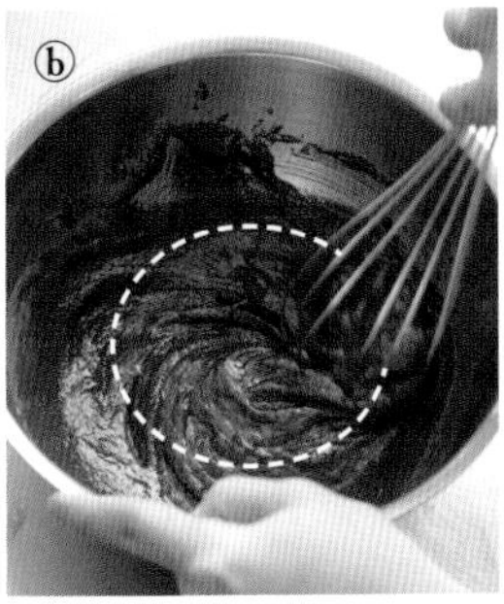

卵は分離しないように常温のものを3回ほどに分けて加えて。

粉類は万能こし器などでふるって加え、だまになるのを防ぐ。

混ぜすぎると膨らみが悪くなるので、粉がなじんだらすぐにくるみを加える。

くるみは泡立て器だとワイヤーの中に入り込んでしまうのでゴムべらで混ぜて。

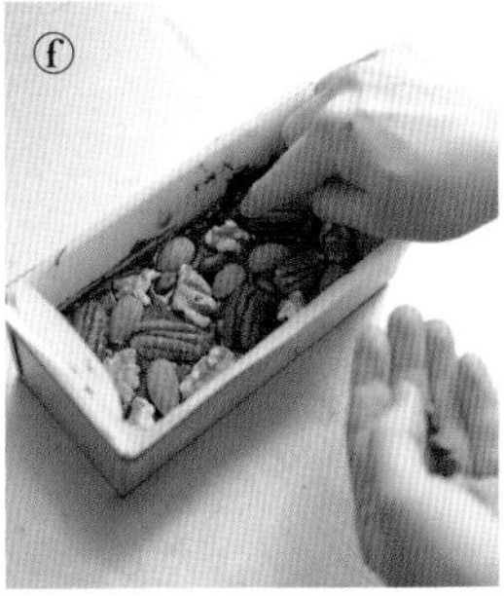

ナッツ類はバランスよく散らすイメージで。オーブンとともに予熱した天板にのせて、段がある場合は下段で焼く。

竹串にどろっとした生地がついてきた場合はオーブンに戻し、様子を見ながら追加で5分ずつ焼く。

網にのせたタイミングでオーブン用シートもはずす。

オレンジとスペキュロスのブロンディー

ホワイトチョコで作るブラウニーをブロンディーと言います。
軽やかな食感で、オレンジの酸味とスペキュロスのさくさく感が絶妙。

【 材料と下準備 】

製菓用チョコレート（ホワイト）… 70g
バター（食塩不使用）… 40g
▶常温にもどす
グラニュー糖 … 40g
全卵 … 1個分（50g）
▶常温にもどしてほぐす
薄力粉 … 50g
オレンジ … 1/2個（横半分に切ったもの）
▶皮を薄皮ごと縦に切り落とし、厚さ5㎜の輪切りにして、さらに4等分に切る
スペキュロス … 10g

＊型にオーブン用シートを敷く（→p.7）。
＊オーブンはほどよいタイミングで天板ごと180℃に予熱する。

[note]

- オレンジは薄皮が残っていると焼成後に硬くなり、食感が悪くなります。
- スペキュロスはシナモンやクローブなどのスパイスが入ったベルギーの焼き菓子。商品名で言うと「Lotus Biscoff」です。市販の好みのクッキーやビスケットで代用可。

1　ボウルにチョコレートとバターを入れ、湯せん（約70℃）にかけながらゴムべらで混ぜて溶かす。

2　ボウルを湯せんからはずし、グラニュー糖を加え、泡立て器で完全になじむまですり混ぜる。

3　卵を3回ほどに分けて加え、そのつど全体になじむまですり混ぜる。

4　薄力粉をふるいながら加え、円を描くように20回ほど混ぜる。粉けがなくなり、つやが出たらOK。

5　型に**4**を入れて表面を平らにならし、オレンジを並べて、スペキュロスを細かく崩しながら散らすⓐ。予熱完了後に170℃に下げたオーブンで40分ほど焼く。

6　竹串を刺し、生地が少しついてくる程度でできあがり。オーブン用シートごと取り出し、網にのせて冷ます。

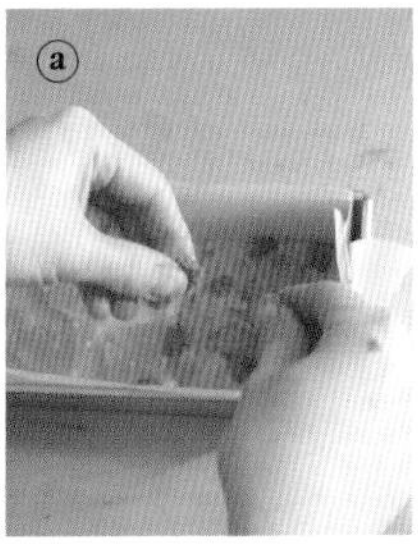

クランブル代わりにぴったりの簡単なトッピング。

まだまだほかにも③

ICE CREAM CAKE

アイスケーキ

生クリームやヨーグルトで作る冷たいケーキです。
フランスにはあまりないタイプのケーキですが、
猛暑に見舞われる日本では、
さまざまな種類がある人気の冷菓となっています。
真夏の誕生日ケーキとしても最適です。

ピンクグレープフルーツとミントのアイスケーキ→p.78

チョコレートのアイスケーキ→p.79

ピンクグレープフルーツとミントの
アイスケーキ

ヨーグルトとくだものの酸味でさっぱりとしたあと味に。

【 材料と下準備 】

ホイップクリーム
- 生クリーム（乳脂肪分36%）… 150g
- グラニュー糖 … 15g

プレーンヨーグルト（無糖）… 300g
▶ペーパータオルで包み、ボウルで受けたざるにのせる。容器などで重しをし、冷蔵室で1時間ほどおいて水きりをし、150gにするⓐ

グラニュー糖 … 75g

ピンクグレープフルーツ … 1個
▶上下を薄く切り落とし、皮を薄皮ごと縦に切り落とす。薄皮と果肉の間に包丁を入れて1房ずつ果肉を取り出し、3等分に切る

オレンジ … 1個
▶ピンクグレープフルーツと同様に切る

ミントの葉 … 20枚
▶せん切りにする

カステラ（市販）… 適量
▶焼き色がついた面を薄く切り落とし、厚さ1cmに切るⓑ

＊ 型にオーブン用シートを敷く（→p.7）。

[note]

・ 冷凍室から出して少し溶かしてから食べるとおいしいです。

1 ホイップクリームを作る。ボウルに生クリームとグラニュー糖を入れ、ボウルの底を氷水にあてながらハンドミキサーの高速で3分30秒ほど泡立てる。すくうとぽってりと落ちるくらいになったらOK（八分立て）ⓒ。

2 別のボウルにヨーグルトとグラニュー糖を入れ、泡立て器で完全になじむまですり混ぜる。

3 **1**のホイップクリームを2回ほどに分けて加え、そのつど片手でボウルを回しながら、ゴムべらで底から大きくすくい返すようにして全体を20回ほど混ぜるⓓ。全体になじんだら、ピンクグレープフルーツ、オレンジ、ミントの葉を加え、大きく4～5回混ぜる。

4 型に**3**を入れて表面を平らにならし、カステラを型に合わせて切ってのせるⓔ。ラップをし、冷凍室で5時間ほど冷やし固める。

5 型の底を湯に3秒ほどつけてからⓕオーブン用シートごと取り出し、カステラを下にして器に盛る。

水分をしっかりきって、カッテージチーズのような質感にする。

これがケーキの底の部分になる。型にフィットするよう、のせるときに切ってもよい。

ホイップクリームは少し硬めに泡立てる。

チョコレートの
アイスケーキ

ミルクチョコレートをふんだんに使った濃厚でなめらかなケーキ。

【 材料と下準備 】

製菓用チョコレート（ミルク）… 100g
生クリーム（乳脂肪分36%）… 200g
▶使用する10分ほど前に冷蔵室から出す
ドライアプリコット … 50g
▶5㎜角に切る
アーモンド（ロースト済み）… 50g
▶粗く刻む
チョコチップ … 50g
カステラ（市販）… 適量
▶焼き色がついた面を薄く切り落とし、厚さ1㎝に切る

＊ 型にオーブン用シートを敷く（→p.7）。

［ note ］

・ 1でチョコレートが焦げてしまわないよう注意。加熱中、30秒ごとにいったん取り出して、ゴムべらで混ぜるとよいでしょう。
・ 2で温かいうちにハンドミキサーで混ぜると分離しやすいので、しっかり冷えるまでは泡立て器で混ぜます。

1 耐熱ボウルにチョコレートを入れ、ラップをせずに電子レンジで1分30秒ほど加熱し、約50℃に温めて溶かす。生クリームを3回ほどに分けて加え、そのつど泡立て器で全体になじむまで混ぜる。

2 ボウルの底を氷水にあてながら混ぜて冷やし、さらにハンドミキサーの高速で2分30秒ほど泡立てる。すくうとぽってりと落ちるくらいになったらOK（八分立て）。

3 ドライアプリコット、アーモンド、チョコチップを加え、片手でボウルを回しながら、ゴムべらで底から大きくすくい返すようにして全体を10回ほど混ぜる。

4 型に3を入れて表面を平らにならし、カステラを型に合わせて切ってのせる。ラップをし、冷凍室で5時間ほど冷やし固める。

5 型の底を湯に3秒ほどつけてからオーブン用シートごと取り出し、カステラを下にして器に盛る。

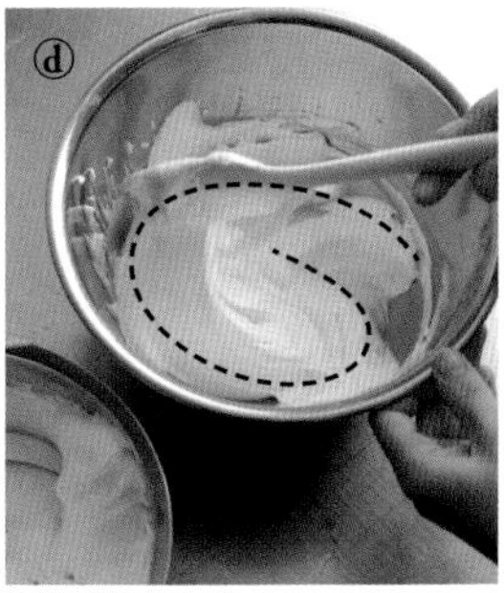

ホイップクリームは2回ほどに分けて加え、なじませる。

カステラの大きさによって異なるので、全体を覆えるよう、適宜形を調整してのせる。

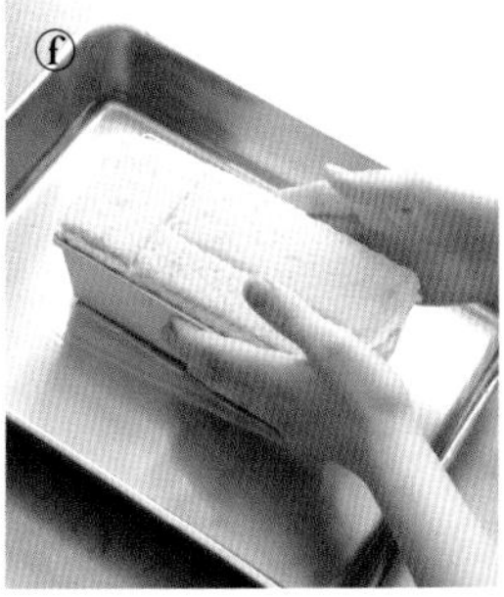

湯につけて底をいったんゆるめることで型からはずしやすくする。

ぷるぷる①

CRÈME CARAMEL

プリン

フランスではビストロのデセールなどで登場することの多いプリン。
「クレームキャラメル」と呼ばれ、親しまれています。
卵の濃厚な風味と、しっかりとした食感を楽しめるようなレシピにしました。
一般的なプリンよりも、かなり大きく焼き上がるので、
ゆっくり火が入って、なめらかな舌ざわりになります。

〈基本〉

カスタードプリン→p.82

プリンアラモード→p.83

基本

カスタードプリン

たっぷりの卵を使ったぜいたくなカスタードプリンです。
パウンド型で焼く場合、高さが出るので、硬めに仕上がるよう配合し、時間をかけて火を入れます。
蒸し器で作るのに比べると、すが入りにくく、失敗することはほとんどないでしょう。

【 材料と下準備 】

キャラメルソース
- グラニュー糖 … 50g
- 水 … 20g

全卵 … 3個分(150g)
▶常温にもどす
卵黄 … 2個分(40g)
▶常温にもどす
グラニュー糖 … 80g
牛乳 … 400g
バニラビーンズペースト … 2g

* 型の内側にサラダ油(分量外)をはけで薄く塗りⓐ、アルミホイルで底と側面を覆う。
* バットにペーパータオルを敷く。
* オーブンはほどよいタイミングで天板ごと150℃に予熱する。
* 湯せん焼き用の湯(分量外)を沸かし、約50℃に冷ます。

1 キャラメルソースを作る。小鍋にグラニュー糖と水を入れ、あまり動かさずに中火で熱する。グラニュー糖の半分ほどが溶けたら、鍋を回してまんべんなく加熱し、完全に溶かす。沸騰したら弱火にし、濃いキャラメル色になったら型に流して広げⓑ、冷ます。

2 ボウルに卵と卵黄を入れて泡立て器で軽くほぐし、グラニュー糖を加えて完全になじむまで30回ほどすり混ぜる。

3 小鍋に牛乳とバニラビーンズペーストを入れ、中火で煮立つ直前まで温める。

4 2のボウルに3を3回ほどに分けて加え、そのつど泡立て器で全体になじむまで混ぜる。

5 別のボウルに万能こし器でこしながら流し入れるⓒ。

6 1の型に5を入れ、バットにのせる。湯を深さ2cmほど注ぎ入れⓓ、予熱したオーブンで40分ほど焼く。

7 表面が固まり、中央を指でやさしく押してみて弾力があればできあがり。型ごと網にのせて冷まし、型ごとラップで包んで冷蔵室で5時間ほど冷やし固める。

8 水で濡らしたスプーンの背でプリンの縁を軽く押さえながら1周しⓔ、さらに短辺のプリンと型の間にナイフを差し込み、すき間を作るⓕ。皿をかぶせてひっくり返しⓖⓗ、プリンを取り出す。

[note]

- 残った卵白は冷凍可能。フィナンシェ(p.30～32)などに使ってください。
- ラップをして冷蔵室で保存します。目安は3日ほど。

プリンアラモード

ホイップクリームとくだものでデコレーション。

【 材料と下準備 】

カスタードプリン … 適量

ホイップクリーム

- 生クリーム（乳脂肪分36%）… 50g
- グラニュー糖 … 5g

いちご、メロン、パイナップル、オレンジ、りんご … 各適量

▶それぞれ食べやすい大きさに切る

［ note ］

- くだものは好みのものでOK。
- 星口金は「5切」を使用しています。

1 ホイップクリームを作る。ボウルに生クリームとグラニュー糖を入れ、ボウルの底を氷水にあてながら泡立て器で泡立てる。すくうとぽってりと落ちるくらいになったらOK（八分立て）。

2 絞り出し袋に星口金を入れ、口金のサイズに合わせて先端を切り落とす。口金を押し込んでセットしⓐ、袋を折り返してⓑ、**1**のホイップクリームを入れⓒ、折り返した部分を戻す。

3 カスタードプリンを食べやすい大きさに切って器に盛り、**2**を絞るⓓ。いちご、メロン、パイナップル、オレンジ、りんごを添える。

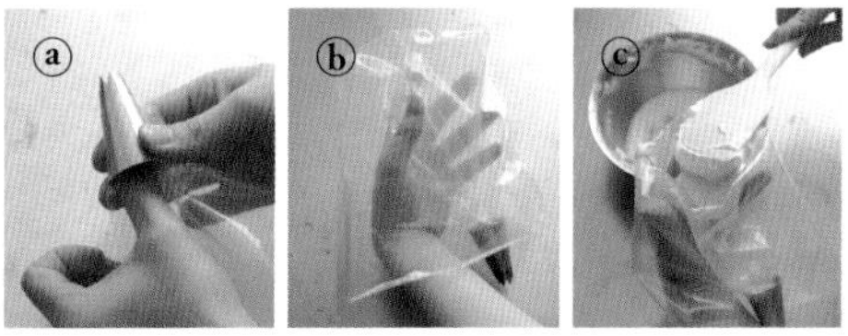

口金をセットし、クリームを入れたら口金のほうへ寄せ、クリームの上部の袋をねじって軽く握る。

握っている手で軽く押してクリームを絞る。

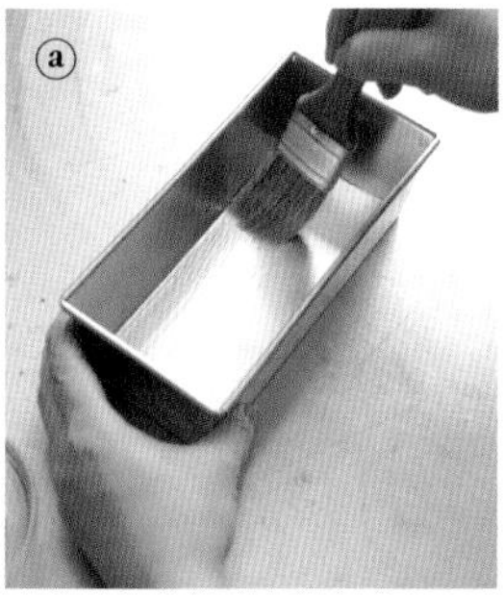

型から取り出しやすいようにサラダ油を塗っておく。底と側面をアルミホイルで覆うのは湯せんの湯が入らないようにするため。

熱いうちに型に流し、そのまま冷ましておく。

口あたりをなめらかにするためのひと手間。

バットはなるべく深さのあるものがよい。湯をこぼさないようにバットごと天板にのせ、オーブンに段がある場合は下段で焼く。

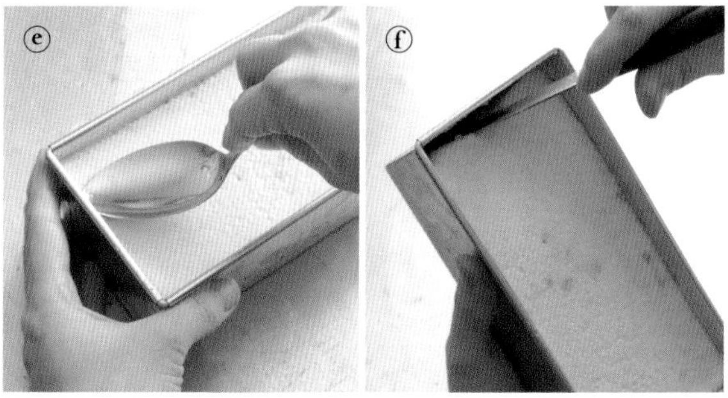

取り出すときはプリンと型の間に空気を入れる。ナイフを差し込むのは短辺のみでOK。

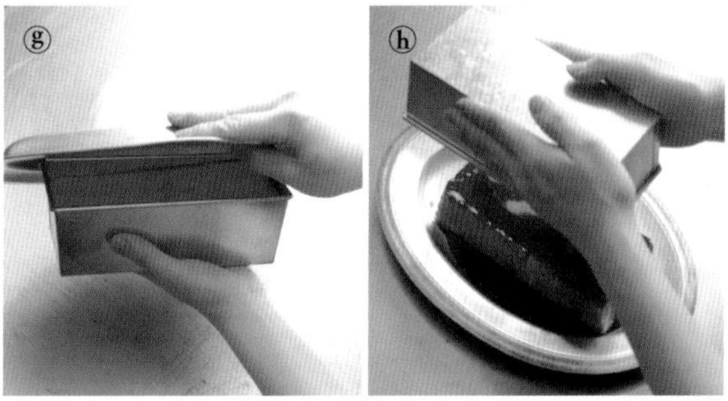

皿をしっかりと型の口にあてて、そのままひっくり返す。ずれたり、落としたりしないよう注意。

イタリアンプリン

マスカルポーネを使用して濃厚でしっかりとした食感に仕立てたプリンは
イタリアンプリンと呼ばれています。硬めがお好きな方はぜひ！

【 材料と下準備 】

キャラメルソース
- グラニュー糖 … 50g
- 水 … 20g

マスカルポーネ … 100g
グラニュー糖 … 80g
全卵 … 4個分（200g）
▶常温にもどす
牛乳 … 200g
生クリーム（乳脂肪分36%）… 100g

＊ 型の内側にサラダ油（分量外）をはけで薄く塗り、アルミホイルで底と側面を覆う。
＊ バットにペーパータオルを敷く。
＊ オーブンはほどよいタイミングで天板ごと150℃に予熱する。
＊ 湯せん焼き用の湯（分量外）を沸かし、約50℃に冷ます。

［ **note** ］

・ マスカルポーネは冷たいまま使用してOK。

1 キャラメルソースを作る。小鍋にグラニュー糖と水を入れ、あまり動かさずに中火で熱する。グラニュー糖の半分ほどが溶けたら、鍋を回してまんべんなく加熱し、完全に溶かす。沸騰したら弱火にし、濃いキャラメル色になったら型に流して広げ、冷ます。

2 ボウルにマスカルポーネを入れ、ゴムべらで混ぜて硬さを均一にする。

3 グラニュー糖を加え、泡立て器で完全になじむまですり混ぜる。卵を1個ずつ加え、そのつど全体になじむまですり混ぜる。

4 小鍋に牛乳と生クリームを入れ、中火で煮立つ直前まで温める。

5 **3**のボウルに**4**を3回ほどに分けて加え、そのつど泡立て器で全体になじむまで混ぜる。

6 別のボウルに万能こし器でこしながら流し入れる。

7 **1**の型に**6**を入れ、バットにのせる。湯を深さ2㎝ほど注ぎ入れ、予熱したオーブンで50分ほど焼く。

8 表面が固まり、中央を指でやさしく押してみて弾力があればできあがり。型ごと網にのせて冷まし、型ごとラップで包んで冷蔵室で5時間ほど冷やし固める。

9 水で濡らしたスプーンの背でプリンの縁を軽く押さえながら1周し、さらに短辺のプリンと型の間にナイフを差し込み、すき間を作る。皿をかぶせてひっくり返し、プリンを取り出す。

ぷるぷる②

GELÉE

ゼリー

〈基本〉

フリュイルージュとローズヒップのゼリー→p.88

くだものたっぷりのゼリーは、見た目も涼しげで、夏にぴったりのデザートです。
さまざまなくだものでアレンジしてみてください。
きれいな断面を作るための、ひと工夫をレシピに込めました。

桃のゼリー→p.89

夏のフルーツゼリー→p.89

基本

フリュイルージュとローズヒップのゼリー

最初に少量のゼリー液を入れて、先に冷やし固めるのがきれいに見せるポイント。
器に盛ったときには底が表面になるので、できるだけなめらかになるよう、くだものを入れずに固めます。
中央に色の濃いブルーベリーとラズベリーを入れ、色のコントラストが出るようにしました。

[**note**]

- 型の下準備は不要です。
- ラップをして冷蔵室で保存します。目安は4日ほど。

【 材料と下準備 】

A

水 … 400g
グラニュー糖 … 70g

ローズヒップティー（ティーバッグ）… 2パック（5g）

B

粉ゼラチン … 10g
冷水 … 50g

▶粉ゼラチンに冷水をふり、冷蔵室で5分ほどふやかすⓐ

レモン果汁 … 10g

いちご … 200g

▶へたを取り、縦に幅2㎜に切る

冷凍ラズベリー … 50g

冷凍ブルーベリー … 50g

❶ 鍋に**A**を入れて強火で煮立て、火を止めてローズヒップティーを加え、ふたをして5分ほど蒸らす。ティーバッグを取り出し、再び強火で煮立て、火を止めて**B**を加え、ゴムべらで混ぜてゼラチンを完全に溶かす。

❷ ボウルに移し、底を氷水にあててゴムべらで混ぜながらしっかり冷やしⓑ、レモン果汁を加えてさっと混ぜる。

❸ 型に❷を深さ5㎜ほど入れ、冷蔵室で10分ほど冷やし固めるⓒ。

❹ いちごの1/8量を敷き詰めⓓ、かぶるくらいまで❷を入れるⓔ。これをあと3回繰り返す。ラズベリーとブルーベリーを敷き詰め、同様に❷を入れる。さらにいちごの1/8量を敷き詰め、同様に❷を入れる。これをあと3回繰り返す。表面を覆うようにラップをし、冷蔵室で3時間ほど冷やし固める。

❺ 湯で温めたふきんで型の周りを温めⓕ、短辺のゼリーと型の間にナイフを差し込み、すき間を作るⓖ。皿をかぶせてひっくり返し、ゼリーを取り出すⓗ。

粉ゼラチンは液体量の約2.2％を使用。湯だとゼラチンの表面が溶けてしまうので冷水を使用する。

鍋のまま冷やすと時間がかかるのでボウルに移す。冷えればOK。

底の部分が表面になる。器に盛ったときの見栄えをよくするため、先にゼリー液を薄く入れて冷やし固めておく。

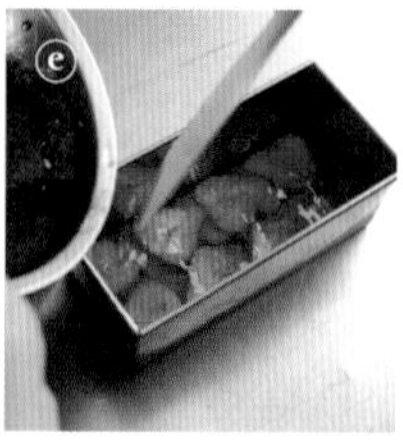

くだものを敷いてかぶるくらいのゼリー液を入れる、を繰り返す。今回はいちご4層、ラズベリーとブルーベリー1層、いちご4層の順にしたが、好みで構わない。

湯で濡らし、水けを絞ったふきんやタオルを型に巻きつけ、10秒ほど温めると取り出しやすくなる。

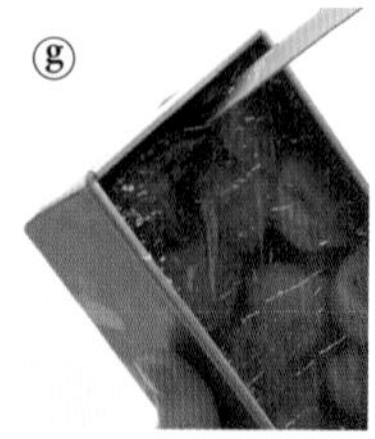

さらにゼリーと型の間にナイフを差し込み、空気を入れる。短辺のみでOK。

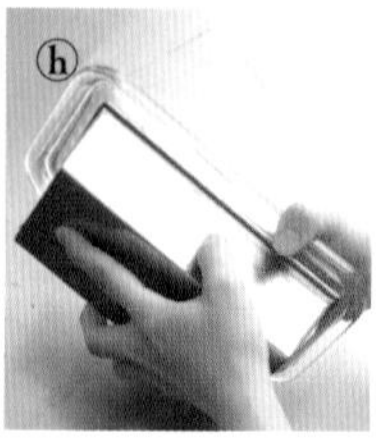

型よりもひと回り大きい平らな皿を使用する。

桃のゼリー

白桃の果肉感が存分に楽しめるぜいたくなゼリー。

【 材料と下準備 】

白桃（缶詰・半割）… 200g＋200g

▶200gは鍋に入れ、ハンディブレンダーでピュレ状になるまで撹拌するⓐ。残りの200gは8等分のくし形切りにする

りんごジュース（果汁100%）… 200g

グラニュー糖 … 30g

A

- 粉ゼラチン … 10g
- 冷水 … 50g

▶粉ゼラチンに冷水をふり、冷蔵室で5分ほどふやかす

レモン果汁 … 10g

［ note ］

・ハンディブレンダーの代わりにミキサーで撹拌してもOK。

1 ピュレ状にした白桃の鍋にりんごジュースとグラニュー糖を加え、強火で煮立てる。火を止めて**A**を加え、ゴムべらで混ぜてゼラチンを完全に溶かす。

2 ボウルに移し、底を氷水にあててゴムべらで混ぜながらしっかり冷やし、レモン果汁を加えてさっと混ぜる。

3 型に**2**の1/4量を入れ、くし形切りにした白桃の1/3量を敷き詰めるⓑ。これをあと2回繰り返す。残りの**2**を入れ、表面を覆うようにラップをし、冷蔵室で3時間ほど冷やし固める。

4 湯で温めたふきんで型の周りを温め、短辺のゼリーと型の間にナイフを差し込み、すき間を作る。皿をかぶせてひっくり返し、ゼリーを取り出す。

ピュレ状とくし形切りを使用し、口あたりの違いも出した。

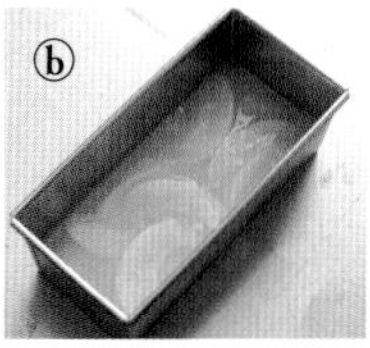

ゼリー液と白桃を交互に入れる。白桃はできるだけ重ならないように敷き詰める。

夏のフルーツゼリー

食感の異なる夏のくだものを組み合わせてさわやかに。白ワインの代わりにりんごジュースでも。

【 材料と下準備 】

A

- 水 … 300g
- 白ワイン … 100g
- グラニュー糖 … 60g
- オレンジの皮 … 3切れ
- ミントの葉 … 10枚

B

- 粉ゼラチン … 10g
- 冷水 … 50g

▶粉ゼラチンに冷水をふり、冷蔵室で5分ほどふやかす

レモン果汁 … 10g

C

- 洋なし（缶詰・半割）… 1切れ（50g）
  ▶1cm角に切る
- オレンジ … 小1個（100g）
  ▶上下を薄く切り落とし、皮を薄皮ごと縦に切り落とす。薄皮と果肉の間に包丁を入れて1房ずつ果肉を取り出し、半分に切る
- 冷凍マンゴー … 50g
  ▶1cm角に切る
- バナナ … 小1本（100g）
  ▶厚さ2cmに切り、レモン果汁10gをからめる
- ミントの葉 … 20枚

［ note ］

・バナナはレモン果汁をからめて変色を防ぎます。

・くだものを別のものにする場合、キウイ、パイナップル、パパイアなど、たんぱく質分解酵素のあるものはゼラチンが固まらないので避けましょう。

1 鍋に**A**を入れて強火で煮立て、火を止めてオレンジの皮とミントの葉を取り出す。**B**を加え、ゴムべらで混ぜてゼラチンを完全に溶かす。

2 ボウルに移し、底を氷水にあててゴムべらで混ぜながらしっかり冷やし、レモン果汁を加えてさっと混ぜる。

3 型に**2**を深さ5mmほど入れ、冷蔵室で10分ほど冷やし固める。

4 **C**をできるだけ重ならないように敷き詰め、かぶるくらいまで**2**を入れる。これを**C**がなくなるまで繰り返し、最後は**2**で終わるようにする。表面を覆うようにラップをし、冷蔵室で3時間ほど冷やし固める。

5 湯で温めたふきんで型の周りを温め、短辺のゼリーと型の間にナイフを差し込み、すき間を作る。皿をかぶせてひっくり返し、ゼリーを取り出す。

ぷるぷる③

MIZUYOKAN

水ようかん

暖かい季節の和菓子の代表格といえば水ようかん。
通常は流し缶などで作りますが、パウンド型でも簡単に作れます。
ドライフルーツを入れたりして、モダンなアレンジにも挑戦してみましょう。

〈基本〉 水ようかん→p.92

抹茶の水ようかん→p.93

基本

水ようかん

市販のあんを使った簡単なレシピです。
和菓子ではゼラチンではなく寒天を使います。
しっかり煮立てて、よく混ぜれば、失敗することはないでしょう。

【 材料と下準備 】

ミネラルウォーター … 300g
粉寒天 … 3g
上白糖 … 20g
こしあん … 300g
塩 … ひとつまみ

＊型の内側を水で濡らしておくⓐ。

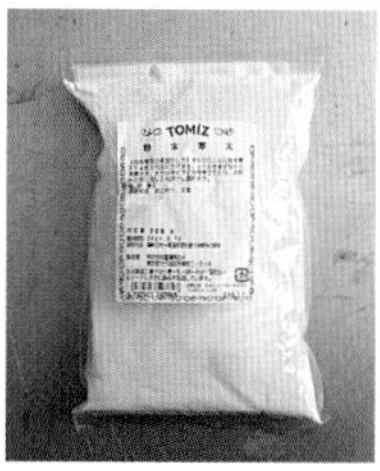

粉寒天はテングサやオゴノリなどの海藻が主原料。弾力は粉ゼラチンよりも弱いが、凝固力が強く、つるんとなめらかな食感に仕上がる。

1. 鍋にミネラルウォーターと粉寒天を入れ、泡立て器で混ぜて粉寒天を溶かす。強火で煮立ててⓑ弱火にし、ゴムべらでゆっくり混ぜながら2分ほど煮る。
2. 上白糖を加え、混ぜて溶かす。こしあんを2回ほどに分けて加え、そのつど混ぜながら溶かすⓒ。
3. 強火にして軽く煮立て、再び弱火にして、ゆっくり混ぜながら5分ほど煮詰める。火を止め、塩を加えて混ぜる。
4. ボウルに移し、底を氷水にあててゴムべらで混ぜながら粗熱をとるⓓ。
5. 型に4を入れⓔ、ラップをせずに冷蔵室で1時間ほど冷やし固める。
6. 水ようかんと型の間にナイフを差し込みながら1周し、すき間を作るⓕ。バットをかぶせてⓖひっくり返し、水ようかんを取り出すⓗ。

[note]

- 水が主役のお菓子なので、水道水ではなく、ミネラルウォーターで作るのがおすすめです。
- ラップをして冷蔵室で保存します。目安は4日ほど。

抹茶の水ようかん

上品な甘さの白あんが抹茶によく合います。

【 材料と下準備 】

抹茶パウダー … 4g
　▶**熱湯30gで溶かす**
ミネラルウォーター … 280g
粉寒天 … 3g
上白糖 … 20g
白あん … 300g
塩 … ひとつまみ

＊型の内側を水で濡らしておく。

1 鍋に熱湯で溶かした抹茶パウダーを入れ、ミネラルウォーターを少しずつ加えながら泡立て器で混ぜて溶きのばす。さらに粉寒天を加え、混ぜて溶かす。強火で煮立てて弱火にし、ゴムべらでゆっくり混ぜながら2分ほど煮る。

2 「水ようかん」の❷〜❻と同様に作る。ただし❷でこしあんの代わりに白あんを加える。

[**note**]

・ 抹茶パウダーはだまになりやすいので熱湯で溶かし、さらにミネラルウォーターを少しずつ加えて溶きのばします。

型から取り出しやすいように水でさっと濡らしておく。

泡立て器で混ぜて粉寒天を溶かしてから火にかける。煮るときはゴムべらで混ぜながら煮て。

こしあんは溶けやすいように分けて加える。かたまりがなくなればOK。

鍋のまま冷ますと時間がかかるのでボウルに移す。湯気が出なくなればOK。冷やしすぎると一気に固まるので注意。

完全に冷めた状態ではないのでラップはしなくてOK。1時間以上しっかり冷やすとさらにおいしい。

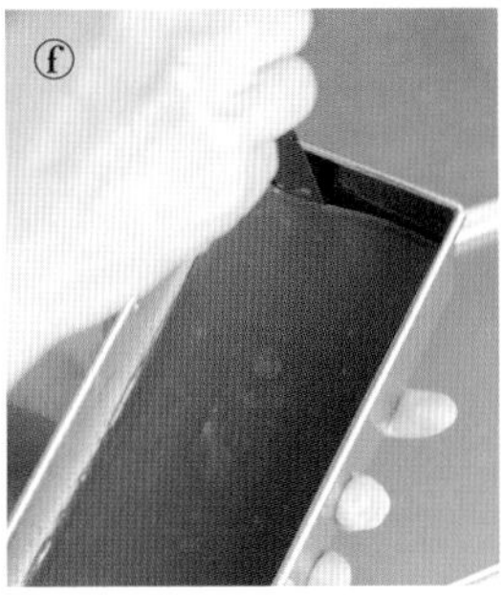

水ようかんと型の間にナイフを差し込み、空気を入れると取り出しやすくなる。

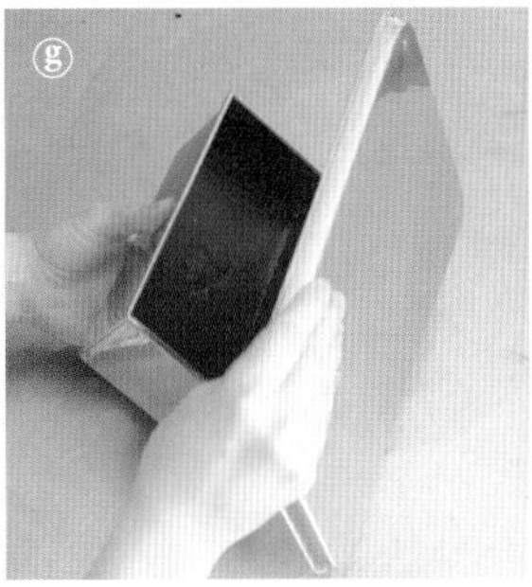

バットの代わりにひと回り大きい皿でも。スムーズに取り出せない場合は、もう一度ナイフを差し込み、空気を入れる。

いちじくの水ようかん

いちじくの存在感が際立つ水ようかんです。
粒あんと意外なほどマッチして、新たな和菓子の魅力を垣間見ることができます。
ボリュームがあるので薄く切って食べるのがおすすめ。

【 材料と下準備 】

ミネラルウォーター … 300g
粉寒天 … 3g
上白糖 … 20g
粒あん … 300g
塩 … ひとつまみ
ドライいちじく … 100g
▶熱湯をかけて水けをきりⓐ、4等分に切る
くるみ(ロースト済み) … 20g
▶粗く割る

＊型の内側を水で濡らしておく。

生地になじみやすいよう、熱湯をかけてふやかしておく。

バランスよくのせて、カットしたときに具材がかたよらないようにする。

1 鍋にミネラルウォーターと粉寒天を入れ、泡立て器で混ぜて粉寒天を溶かす。強火で煮立てて弱火にし、ゴムべらでゆっくり混ぜながら2分ほど煮る。

2 上白糖を加え、混ぜて溶かす。粒あんを2回ほどに分けて加え、そのつど混ぜながら溶かす。

3 強火にして軽く煮立て、再び弱火にして、ゆっくり混ぜながら5分ほど煮詰める。火を止め、塩を加えて混ぜる。

4 ボウルに移し、底を氷水にあててゴムべらで混ぜながら粗熱をとる。

5 型に**4**の1/2量を入れ、ドライいちじくとくるみをのせるⓑ。残りの**4**を入れて表面を平らにならし、ラップをせずに冷蔵室で1時間ほど冷やし固める。

6 水ようかんと型の間にナイフを差し込みながら1周し、すき間を作る。バットをかぶせてひっくり返し、水ようかんを取り出す。

[**note**]

・ 具材は栗の渋皮煮やドライアプリコットなどで作ってもおいしいです。